Christa Hasselhorst

Eden auf Erden:

oder die ewige
Liebe zwischen
Mensch & Garten

CORSO

Das große Rasenstück von Albrecht Dürer, 1503

Vorwort zur 2. Auflage

Vor zehn Jahren schrieb ich meine Kapitel für dieses Buch. Da erlebte der jahrtausendealte Garten gerade erneut eine grandiose Wiedergeburt, Gärtnern war mehr als nur modischer Trend, verankerte sich als emotionales, sinnlich-sinnvolles Kulturgut. Heute, eine Dekade später und in einem Sommer großen Missvergnügens einerseits – verursacht durch einen Virus – erfahren wir andererseits im eigenen Garten gleich mehrfaches Glück. Unser selbstgeschaffenes Stück Natur bleibt ein krisenfester Ort, in dem wir unsere Kreativität lustvoll erproben können. Eine Zuflucht, die uns samt Familie und Freunden entspanntes und genussvolles Miteinander in einem sinnlichen Open-Air-Theater schenkt. Obendrein selbstgezogene pflückfrische Köstlichkeiten – Garten, Kochen, Genießen sind ein uralter sinnlicher Dreiklang. Und das größte Geschenk des Gartens ist die tröstliche Zuversicht, dass auch im nächsten Sommer herrliche Blumen und Salate sprießen werden, denn mit jedem Saatkorn, jeder schrumpligen Zwiebel pflanzen wir das Morgen. Wenn es einen Ort gibt, der für Optimismus und Hoffnung steht, dann ist es dieses Paradies, egal wie groß oder klein es ist. Machen wir es wie Voltaires Candide, bestellen wir unseren Garten – und genießen ihn sowie alle grünen Oasen!

Potsdam, im Sommer 2020

Ein Eden für jeden

Der Gärtner trägt das Joch, seine Schultern sind wie vom Altern gebeugt, des Morgens begießt er das Gemüse und am Abend die Pflanzen, wobei er den ganzen Tag im Obstgarten verbringt. Dann fällt er todmüde um, und das gilt für ihn mehr als in jedem anderen Beruf.« Diese Beschreibung harten Gärtner-Alltags stammt nicht, wie man vermuten könnte, von einem Guts-Gärtner aus dem 19. Jahrhundert, sondern aus der »Lebenslehre des Cheti«. Verfasst um 2000 vor Christus in Ägypten.

Seit der Vertreibung aus dem Garten Eden sind wir Menschen bemüht, ihn mit der Erschaffung unseres eigenen Gartens wieder herzustellen. Jahrtausendelang planen, graben, säen, jäten, stützen, zupfen und schneiden wir, damit das verlorene Paradies erneut möglichst schöne Form annimmt. Und ebenso lang waren Gärten diversen Zwecken und Moden unterworfen. Sie bedeuteten den Überlebens-Raum für Bauern und arme Leute, das repräsentative Aushängeschild für Fürsten und reiche Kaufleute, die Verwirklichung eines Utopia für Künstler, das kleine Glück des Bürgertums.

Zum Ende des 20. Jahrhunderts erlebt dieses private Refugium eine fulminante Renaissance. Das Überraschende: Sie erfasst alle Schichten und sämtliche Altersklassen, und das nicht nur in Deutschland. Der Garten ist kein Hobby mehr für Rentner oder Reservat für gelangweilte Gattinnen. Selbst Bundeskanzlerin Angela Merkel gärtnert in Brandenburg und bekannte in einem Interview: »Beim Unkrautzupfen kommen mir gute Gedanken.«

Wann entstand diese neue Liebe zum Garten? Vielleicht Anfang der 1990er-Jahre, da keimten die ersten Gartenfestivals. Maßstäbe setzte eine Adlige: Viktoria Freifrau von dem Bussche lud 1998 zum ersten Gartenfestival rund um ihr Neo-Renaissance-Schloss Ippenburg bei Osnabrück. Inzwischen hat sich die Vorreiterin damit als deutscher Gegenpol zur Mutter aller Gartenfestivals, der Londoner »Chelsea Flower Show«, etabliert. Zugegeben, der Vergleich ist kühn, ist Chelsea doch *very sophisticated*, seit 1913 organisiert von der altehrwürdigen Royal Horticultural Society (RHS) mit Königin Elisabeth als Schirmherrin. Prinz Charles ist mit dabei und spricht mit fremden Blumen und Menschen. Hochadel und Prominenz von Bob Geldof bis Emma Thompson und Michael Caine bekennen sich als Grünfinger und spazieren durch das Gelände an der Themse.

Während das alljährliche Gipfeltreffen der internationalen grünen Avantgarde Ende Mai ein fünftägiger Rausch ist, können die Schaugärten in Ippenburg und anderswo meist den ganzen Sommer besichtigt werden. Gartenfestivals haben sich in Deutschland noch mehr als in Holland, Belgien oder Frankreich ausgebreitet wie Giersch. Ein Quantum blaues Blut und adliges Ambiente erhöhen die Attraktivität des sommerlichen Wochenend-Vergnügens.

Bauerngarten mit Sonnenblumen, Ölgemälde von GUSTAV KLIMT, 1907

Ein grünes Festival kann an einem Wochenende bis zu 20.000 Besucher anlocken. Die bereichern sich mit neuen Ideen, Pflanzen, Accessoires und Büchern, tauschen Pflanz-Tipps aus und reisen beglückt heim, mit einer neu entdeckten Phlox-Sorte als Trophäe.

Apropos Garten-Bücher: Die Themen werden immer spezifischer, von »Richtiger Gehölzschnitt« über »Traumpaare im Garten« bis zu »Blattschönheiten« reicht die Spannweite. Es gibt kiloschwere Coffee-Table Books zum neidvollen Träumen und praxisnahe Ratgeber für Probleme im Garten, von denen man gar nicht ahnte, dass man sie hatte. Bei den »Tagen des offenen Gartens« beäugen hunderte wildfremde neugierige Enthusiasten die Flora in

Bauerngarten in Lübbenau

Nachbars Garten. Die Gartenbesitzer genießen den Ansturm mit gelassenem Stolz und der Gewissheit: Gartenfans benehmen sich gut in fremden Gefilden. Die Gartencenter verzeichnen steigende Zuwachsraten und ein Ende des grünen Booms ist nicht abzusehen. Wer einmal im Frühling an einem Wochenende im Gartencenter war, weiß, wovon die Rede ist. Und wenn selbst große Supermarkt-Ketten Buchskegel, Schopf-Lavendel und Clematis, Rasenmäher und Garten-Werkzeug anbieten, ist dies das beste Indiz dafür, dass der Garten zur Massenbewegung geworden ist.

In der Metropole Berlin, einst Stadt mit großen Gartenarchitekten (Peter Joseph Lenné, Gustav Meyer, Erwin Barth, Hermann Mattern, Herta Hammerbacher), zeigt sich der neue Enthusiasmus in zwei nur vordergründig gegensätzlichen Entwicklungen. Im tiefsten Kreuzberger Kiez initiierten zwei engagierte junge Männer, Robert Shaw und Marco Clausen, die »Prinzessinnengärten«. Auf einer in Besitz genommenen öffentlichen Brachfläche legten sie temporäre Nutz- und Blumengärten in recycelten Kisten an. Ein Eden für jeden, der Lust hat mitzumachen, und ein Erfolgsprojekt, über das sogar CNN berichtete. Internationale Aufmerksamkeit erregt auch das Projekt der deutschen, in England ausgebildeten Garten- und Landschaftsarchitektin Gabriella Pape. Sie eröffnete 2008 vis-à-vis des Botanischen Gartens im feinen Dahlem die »Königliche Gartenakademie« auf dem historischen Gelände der einstigen »Königlichen Gartenlehranstalt«. Pape will die Deutschen verführen zu mehr Lust am Garten. Die Engländer sagen »gardening«, so Pape, die Deutschen »Gartenarbeit«, daran zeige sich schon die gravierende unterschiedliche Einstellung. Aber Garten ist doch auch harte Arbeit! Nur ist das Ergebnis so befriedigend und schön, dass man all die Plackerei im Nu vergessen hat.

Die anglophile Pape sagt auch, gärtnern sei sexy. Schon vor zehn Jahren titelte die britische *Sunday Times* in einem Artikel über die Chelsea Flower Show: »Gardening is the new sex!« Was soll damit gemeint sein? Wer umgräbt und Staudenbeete pflanzt, besitzt eine archaische Aura von Naturverbundenheit – das kann durchaus erotisch sein. Und

»Den Kontakt mit Blumen zu verlieren, ist die schlimmste Form der Vereinsamung.«

ALBERT CAMUS

etwas Erde unter den Fingernägeln ist nicht mehr schlampig, sondern signalisiert: Ich gärtnere! Das ist offensichtlich attraktiv. Der englische *Gentleman Gardener*, in bordeauxroter Cordhose, Pullover und Tweed-Jackett mit den unverzichtbaren Leder-Flecken am Ellenbogen, strahlt nonchalante Männlichkeit aus. Dass britische Ladys mit grünen Daumen jedoch – wie einst die exzentrische Garten-Queen des frühen 20. Jahrhunderts Vita Sackville-West – mit Seidenbluse und Perlenkette Blumenzwiebeln setzen, halte ich für ein unbewiesenes, aber gerne verbreitetes Klischee. In Wahrheit zählt *shabby chic* beim Jäten und Graben: je abgeschabter, desto besser. Und für britische Landlords ist es die höchste Ehre, wenn Fremde sie beim Laubharken mit dem Gärtner verwechseln.

Vielleicht bieten Gartenkurse, Festivals, Lesungen et cetera auch eine unverfängliche Atmosphäre für Flirt und Partner-Suche. Wenn man im März beim Ausflug zu einem Schneeglöckchen-Züchter, der seine Raritäten anpreist, gemeinsam über den zarten Blütenkelch einer ausgefallenen *Galanthus*-Art fachsimpelt ... Oder sich näher kommt beim Wochenend-Seminar in einer Fachgärtnerei oder Gartenschule, wo es um »Richtiger Formschnitt«, »Schattengärten« oder »Wie lege ich einen Staudengarten an?« geht ... Solche Kurse sind meist im Handumdrehen ausgebucht. Allerdings (noch) größtenteils von Frauen, denn das »Schöne« im Garten ist vor allem in Deutschland nach wie vor eine weibliche Domäne, der (heterosexuelle) Mann dagegen bekennt oft freimütig: »Ich bin für's Grobe zuständig!« Also Bäume fällen, Hecken schneiden und den Aufsitz-Rasen-

gegenüber:
Kurse für richtigen Formschnitt musste ANDRÉ LE NÔTRE nicht belegen – der Schlosspark von Sceaux

mäher lenken. Oder meinen die Briten etwa, Gärtnern sei, statt Golf, der neue *Ersatz* für Sex? Es ist jedenfalls eine amüsante These.

Unstrittig ist die Tatsache, dass es diese neue Begeisterung für den Garten gibt. Gärtnern ist keine Nische mehr, sondern eine gesamtgesellschaftliche Bewegung. Deutschland entwickelt sich zu einem Land der grünen Daumen. In England, wo *gardening* zu keiner Zeit ein spleeniges Hobby war, sondern klassenlos zum Selbstverständnis der britischen Kultur gehört, ist Konversation über Rosenschnitt und Farbkombinationen in Rabatten selbstverständlich. Wer sich heute bei einem Abendessen in Nordeuropa als grüner Connaisseur ausweist, findet sofort interessierte Gesprächspartner. Sogar Männer dürfen über die vielen Blau-Nuancen von Ritterspornen und die Eleganz von Sichtachsen philosophieren. Das Thema Garten egalisiert auch gesellschaftliche Kluften, bringt Manager und Metzger auf Augenhöhe, ganz ohne Rivalitäten oder Sozialneid. Da tauschen sich schlicht Menschen über ihre Passion aus.

Denn nichts anderes ist es, was den Menschen und seinen Garten verbindet: eine leidenschaftliche Liebesbeziehung mit allen Tiefen und Höhen. Die Entwicklung dieser Liebe beleuchtet dieses Buch unter verschiedenen Aspekten. Auch, was die aktuelle Neubesinnung auf den Garten über unsere Gesellschaft und die heutige Zeit aussagt. Sind wir auf dem Weg in ein Neo-Biedermeier und flüchten vor Politik, Krankheiten und Katastrophen in den Garten? Ist unser privates Eden ein grünes Bollwerk gegen das unwirtliche Jenseits da draußen, eine hoch technisierte und sehr kompliziert gewordene Welt?

Von der Heilkraft des Gartens auf die menschliche Seele ist in diesem Buch auch die Rede. Gärten waren und sind stets ein Mikro-Kosmos der aktuellen politischen und sozialen Verhältnisse. Vielleicht weisen Entwicklungen wie Multi-Kulti-Gärten, Schul-, Senioren- und Nachbarschaftsgärten, *Community-* und *Guerilla-Gardening* über den privaten Eskapismus hinaus und zeigen neue Wege für andere Gärten des 21. Jahrhunderts auf.

Der Garten als Spiegelbild seiner Zeit

Im biblischen Schöpfungsbericht Moses' heißt es: »Und Gott der Herr pflanzte einen Garten in Eden gegen Morgen und setzte den Menschen drein, den er gemacht hatte / Und Gott der Herr ließ aufwachsen aus der Erde allerlei Bäume, lustig anzusehen und gut zu essen, und den Baum des Lebens mitten im Garten und den Baum der Erkenntnis des Guten und des Bösen / Und es ging aus von Eden ein Strom, zu wässern den Garten«. Schon der christliche Garten Eden war also nicht nur «lustig anzusehen«, sondern auch ein Nutzgarten. Der verhängnisvolle Ausgang der Geschichte ist bekannt. Doch bereits seit mindestens 6000 Jahren – da schufen die Sumerer im Land zwischen Euphrat und Tigris durch künstliche Bewässerung erste Gärten – versuchen die Menschen, ihr verlorenes Paradies wiederherzustellen. In allen Kulturen und Religionen bewundert der Mensch mit dem Garten die Schöpfung, verehrt die Natur und will sie gleichzeitig unterwerfen. Er soll geistige wie körperliche Genüsse versprechen. Im Islam lässt die 56. Sure des Korans Wüstensöhne, die Gnade gefunden haben, in »wonnevolle Gärten« eingehen.

»Ein Garten ist eine Kunst-Natur.«
ROBERT MUSIL

»Paradies« stammt vom altpersischen *pairi-daeza* und meint schlicht »Umzäunung«, »Umwallung«. Garten,

gegenüber:
Das Paradies, linker Innenflügel des Weltgerichts-Triptychons von HIERONYMUS BOSCH, entstanden zwischen 1485 und 1505

Vornehmer Ägypter mit seinen zwei Frauen in einem Garten, Wandmalerei aus dem Grab des Userhet, Theben, 13. bis 12. Jahrhundert vor Christus

abgewandelt aus dem althochdeutschen *garto* und indogermanischen *ghorto*, heißt ebenfalls »Flechtwerk«, »Zaun«, »Einhegung«. Den Begriff des Paradieses verdanken wir dem griechischen Historiker Xenophon, der um etwa 400 vor Christus einen Garten im heutigen Iran beschrieb und die Anlage »Paradeisos« nannte.

So schätzten schon zuvor die alten Ägypter ihren ummauerten Garten als Symbol ewigen Lebens, Sitz der Götter und Treffpunkt für Liebespaare. Von überwältigender Pracht sollen die Gärten des Pharao Echnaton und seiner Gattin Nofretete um die Mitte des 14. Jahrhunderts vor Christus gewesen sein, mit Wasserbassins, künstlichen Inseln und quadratischen Beeten.

Ob Eden, Garten oder Paradies – immer geht es um Land, das geschützt, umzäunt, abgeschirmt ist. Ein Stück Natur wird abgesteckt und durch Menschenhand zu einem Stück Kunst-Natur verwandelt. Drinnen das Paradies, draußen die übrige Welt. Dies hat unsere Vorstellung vom Garten als Paradies – oder dem paradiesischen Garten – über Jahrtausende durch alle Kulturen geprägt. Und sie hat sich bis heute kaum geändert: ob Hecke, Mauer oder Jägerzaun – ein Garten hat einen Besitzer und braucht eine Abgrenzung.

Für was der Garten alles steht! Er ist Projektionsfläche für viele menschliche Bedürfnisse: notwendige Lebensgrundlage, Oase für Körper und Geist, Zuflucht für Liebende, Kulisse für Theater und Musik, Raum für Repräsentation und Feste. Darum spielt er stets eine wichtige Rolle als Statussymbol. Damit zeigen Fürsten, hohe Beamte und Patrizier neben ihrem Reichtum auch ihre Kultiviertheit. Über Jahrtausende hinweg bleibt der kunstvoll angelegte Ziergarten luxuriöser Freiraum und Aushängeschild für Privilegierte und ist damit auch Spiegelbild der gesellschaftlichen, sozialen und politischen Verhältnisse der jeweiligen Zeit. Denn über einen langen Zeitraum können es sich nur vermögende Menschen leisten, kostbares Wasser zum puren Vergnügen zu verbrauchen und Blumen statt Gemüse anzupflanzen.

Im antiken Griechenland war der Philosophengarten eine Enklave der geistigen Elite. Philosophen lehrten und diskutierten unbeschwert von Konventionen unter freiem Himmel; das schätzten Platon, Aristoteles und Epikur, der seine Lehre sogar als eine »Philoso-

Römisches Fresko aus der Villa di Livia in Rom, augusteische Zeit

phie des Gartens« bezeichnete. Doch die Gelehrten redeten nicht nur, sie waren handfeste Gärtner. In ihren Athener Gärten sollen sie sogar Gemüse angebaut haben. Man stelle sich die hehren Herren vor, in eine Toga gewandet, Unkraut jätend.

Ein Attribut der geistigen Führungsschicht waren auch die Gärten der römischen Antike. Plinius der Ältere, der 79 nach Christus beim Ausbruch des Vesuv starb, verfasste mit seiner 37-bändigen *Naturalis historia* das größte naturwissenschaftliche Kompendium der Antike. Sein Neffe Plinius der Jüngere hinterließ Briefe mit Beschreibungen seiner Villen und des Landlebens in Tusculum und Laurentium. Dort gab es Gewächshäuser und mit Buchs eingefasste Beete. Schon damals skizziert er, was viel später in Renaissance- und Barockgärten sowie in den Englischen Landschaftsparks wieder angestrebt wird: Aus der Höhe erscheine das Land »nicht als wirkliche Landschaft, sondern als erlesenes Gemälde«.

Der antike römische Stadtgarten hat in seinem von den Griechen beeinflussten Peristyl, einem Atriumhof mit Säulenhalle, ein zentrales Wasserbecken. Darum gruppieren sich Beete und Kübelpflanzen. Der römische Feldherr Lucullus (117–56 v. Chr.) soll nach erfolgreichen Schlachten in Kleinasien den Typ des persischen *Tschahar Bagh* – ein kreuzförmig gegliederter Garten mit einem Teich im Schnittpunkt – in seine Anlage auf dem Pincio übertragen haben. Sie zählte zu den prachtvollsten ihrer Zeit. Dieser viergeteilte Grundriss mit Wasserläufen, ein Ur-Motiv des Paradiesgartens aus dem Alten Orient, breitete sich mit dem Islam später nach Spanien und mit den Mogulkaisern nach Indien aus. Die zwei berühmtesten Gärten sind der Löwenhof der Alhambra in Granada und der Garten des Taj Mahal in Agra.

Kreuzgang, ein grünes Innengeviert und ein Brunnen im Zentrum bestimmen später ebenfalls die Anlagen

Paradiesgärtlein,
OBERRHEINISCHER MEISTER,
um 1420

europäischer Klostergärten, die als Erben antiken gärtnerischen Wissens gelten. Typisch sind die Nutzgärten mit Kräutern und Arzneipflanzen, der Garten als blühende Apotheke. Die älteste Aufzeichnung mit dem Gartenplan des Klosters von St. Gallen stammt von 816. Darin gibt es einen Gemüsegarten, den *hortus* – so bezeichneten die antiken Römer den Nutzgarten –, einen Kräutergarten und einen Obstbaumgarten. Darüber hinaus sind ein Kreuzgang-Garten, der an die römischen Peristyl-Vorbilder erinnert, und zwei »Paradiese« eingezeichnet. Diese Areale dienen der meditativen Besinnung und Zwiesprache mit Gott. In ihnen wachsen Blumen mit christlicher Symbolik: die Rose als Symbol Gottes, die Lilie als Sinnbild der Reinheit. Der Abt Walahfrid Strabo besang 827 in einem Gedicht die Pflanzen und ihre Pflege in den Klostergärten auf der Insel Reichenau. Sie waren wie alle mittelalterlichen Gärten von Mauern umgeben, als Schutz vor Tieren, Dieben und Feinden. Der *hortus conclusus*, der geschlossene Garten, taucht zwar schon im Hohelied Salomons auf; im Christentum steht er später für den »verschlossenen Leib« Marias. Das Bildnis der Jungfrau Maria in einem »Paradiesgärtlein« wird ab dem 14. Jahrhundert endgültig zu einem Topos: der Garten als Ort der Jungfräulichkeit und Reinheit.

Rose

Denn diese beiden Blumen, berühmt und gepriesen, sind Sinnbild
Seit Jahrhunderten schon der höchsten Ehren der Kirche,
Die im Blut des Martyriums pflückt die Geschenke der Rose
Und die Lilien trägt im Glanze des strahlenden Glaubens.
Jungfrau Maria, Mutter, die du den Sohn hast geboren,
Jungfrau, im Glauben ohn' Makel, du Braut nach des Bräutigams Namen,
Braut und Taube, du Hort und Herrin, verlässliche Freundin,
Pflücke Rosen im Streite und brich frohe Lilien im Frieden.
Aus dem Königsstamm Jesse ist dir eine Blüte entsprossen,
Retter und Bürge allein des erneuerten alten Geschlechtes.
Er hat die lieblichen Lilien geweiht durch sein Wort und sein Leben,
Färbend im Tode die Rosen, hat Frieden und Kampf seinen Jüngern
Auf dieser Erde gelassen, die Tugenden beider verbindend,
Beiden Siegen verheißend die Krone des ewigen Lebens.

WALAHFRID STRABO, *De cultura hortorum* (827)

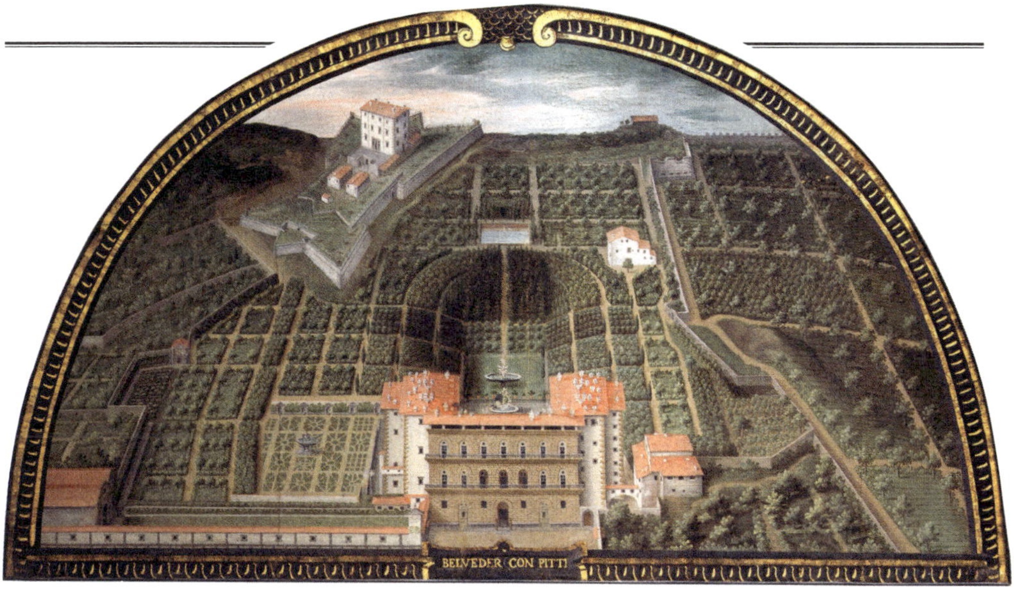

Der Palazzo Pitti, Gemälde von GIUSTO UTENS, Florenz, 1599

Das Mittelalter ist aber nicht nur eine Epoche der Religiosität und Keuschheit – es ist auch das Zeitalter der Minne. So wandelt sich das umfriedete Grün zu einem Garten der Erotik, in dem sich Liebespaare treffen und höfische Dichtkunst und Musik vorgetragen werden. Epoche macht dabei ein Buch. Albertus Magnus, bedeutender Philosoph und Theologe, verfasst zu Beginn des 13. Jahrhunderts mit seinen Anweisungen für die Anlage eines Lustgartens ein wegweisendes Werk: *De vegetabilibus.* Schattenspendende Bäume, eine Wiese zum Lustwandeln, ein wohlriechender Kräutergarten, ein Rasenstück gesäumt von Duftpflanzen und Blumen, eine bepflanzte Rasenbank zum Niederlassen, ein plätschernder Brunnen sind das Inventar des Minnegartens, des *hortus amoenus*, der die Sinne anregen soll. In den Schlössern und Burgen werden Nutzgärten in Lustgärten umgewandelt und erstmals lassen reiche Bürger in den Städten Gärten in dieser neuen Mode anlegen.

Ägypten, Persien, Arabien, die römische Antike, von Griechenland beeinflusst, Kloster- und Minnegarten, Kräuter- und Blumengarten – alles hängt miteinander zusammen, stimuliert sich gegenseitig. Das zeigen besonders die Gartenanlagen der italienischen Renaissance. Ein mit den Humanisten neu entfachtes Faible für die Antike lässt auch die Gartenform der römischen Vorfahren wieder aufleben. Auf den Hügeln rund um Neapel, Rom und Florenz entsteht mit der *villeggiatura* eine luxuriöse Form der Sommerfrische: Fürsten, reiche Kaufleute und der Klerus lassen sich fern der Stadt große Villen als Lusthäuser mitsamt Garten errichten. Der französische König Karl VIII. schreibt nach einem erfolglosen Heereseinsatz in Neapel 1494 an den Herzog von Bourbon: »Mein Bruder, Sie können sich nicht vorstellen, welch schöne Gärten ich in dieser Stadt gesehen habe. Wahrhaftig. Es scheint, dass nur Adam und Eva fehlen, um daraus ein irdisches Paradies zu machen, so schön sind sie.« Prompt erhält sein Loire-Schloss Amboise einen italienischen Renaissance-Garten. Der neue Stil wird in ganz Europa bewundert und nachgeahmt.

In Italien ist das Patrizier-Geschlecht der Medicis tonangebend und zeigt das mit dem Bau feudaler Villen und Gärten. Lorenzo der Prächtige, der wohl Berühmteste der Bankiers-Dynastie, lässt die Villa Poggio a Caiano zu einer Sommerresidenz nach antikem Vorbild umbauen. Erstmals führen Terrassen und Treppen in den angrenzenden Park, ein architektonisches Motiv, das viele Renaissance-Gärten bestimmen wird. Der erste Großherzog der Toskana, Cosimo I. de' Medici, lässt ab 1550 – mit der Aussteuer seiner noch reicheren Gattin, der schönen Eleonore von Toledo – hinter dem Palazzo Pitti in Florenz die Boboli-Gärten anlegen. Sie werden, wie die meisten bedeutenden Renaissance-Gärten, zum anspielungsreichen Kunstwerk. Alles hat Bedeutung, bekundet subtil Kunstsinn und Bildungsgrad. So sind die Zitruspflanzen in Kübeln Hinweis auf den griechischen Mythos der Hesperiden-Gärten mit ihren Apfelbäumen, die goldene Früchte trugen. Da der mutige Herkules sie trotz Bewachung durch den hundertköpfigen Drachen Ladon rauben konnte, wird eine Herkules-Statue im Garten zur Allegorie auf den Mut des Gartenbesitzers.

Auch die Idee des Gartens als philosophische Lehranstalt lebt wieder auf. Die Medici als Kunst-Mäzene machen ihre Gärten zu Musenhöfen, in denen Dichter und renommierte Künstler philosophierend durch schattige Alleen promenieren. Die

Garten des Schlosses Clos Lucé in Amboise, dem Alterssitz von LEONARDO DA VINCI

Künstler wiederum fördern als »Angestellte« den Ruhm ihrer Auftraggeber. Papst Julius II. betraut den Star-Architekten seiner Zeit, Donato Bramante, mit dem Entwurf seines epochemachenden terrassenförmigen Belvedere-Gartens im Vatikan. Die Medicis engagieren für die Villa di Castello und die Boboli-Gärten den gefragten Architekten und Bildhauer Niccolo Tribolo. Castello wird ein exemplarisches Renaissance-Werk, beherrscht vom Diktat perfekter Symmetrie. Der französische Philosoph Michel de Montaigne notiert um 1580: »Man sieht verschiedene dichte Laubengänge von wohlriechenden Bäumen wie Zedern, Zypressen- und Zitronenbäumen.« Sechshundert Zitrusfrüchte in Kübeln verströmen ihren narkotisierenden Duft und sind gleichzeitig Symbol ewigen Lebens. Der Kunsthistoriker Giorgio Vasari rühmt die Anlage im 16. Jahrhundert als den »reichsten, prächtigsten, schmucksten Garten in ganz Europa!«

Wasserorgel der Villa d'Este in Tivoli

Zwanzig Villen mit umliegenden Gärten werden während der Blütezeit der Medici im Umkreis von Florenz errichtet. Ein weiterer legendärer Renaissance-Garten erstreckt sich um die Villa d'Este in Tivoli bei Rom. Dort zaubert der Architekt Pirro Ligorio ab 1550 für den Kardinal Ippolito II. d'Este ein Meisterwerk, das alles Bisherige in den Schatten stellt. Zur spektakulären Sensation werden die Wasserspiele, die mit unzähligen Brunnen, Fontänen und Kaskaden oft für unfreiwillige Erfrischung der Besucher sorgen. Es entsteht sogar ein neuer Berufsstand, der des Fontainiers. Fortan gehören raffinierte Wasserspiele und Wasserscherze in Europa zum standesgemäßen Zubehör eines repräsentativen Gartens.

In Deutschland hebt sich zu jener Zeit der Patriziergarten von einfachen Bürgergärten ab durch »Größe, turmbewehrte Mauern und eine üppige Ausstattung«, schreibt der Garten-Spezialist Dieter Hennebo in seiner detailreichen *Geschichte der deutschen Gartenkunst* (1962). Die Besitzer waren so stolz auf ihre grünen Paradiese, dass sie diese sogar zeitweise für Publikum öffneten – unsere immer beliebter werdenden »Tage des offenen Gartens« sind also nichts Neues. Einen Nürnberger Patriziergarten besichtigte Mitte des 16. Jahrhunderts ein Schuhmacher und schwärmte von Pomeranzen, Mandeln, Feigen und »allerley rein und wohlschmeckend Frücht«. Zu den Gärten, deren Ruf von Schönheit selbst bis nach Italien und Frankreich drang, zählten die der Fugger in Augsburg. Sie ließen sich vom renommierten holländischen Botaniker Carolus Clusius seltene Pflanzen aus Spanien, Frankreich und Portugal mitbringen. Welche, ist nicht bekannt, aber vermutlich unter anderem Zitrusfrüchte, die damals eine Kostbarkeit waren. Michel de Montaigne bewunderte bei seinem Augsburg-Besuch 1581 vor allem die Wasserscherze in den Gärten der Fugger-Dynastie.

»Die Mandelbäume in Blüte: alles, was wir leisten können, ist, sich ohne Rest zu erkennen in der irdischen Erscheinung.«
RAINER MARIA RILKE

Im Zeitalter des Absolutismus prägt ein einziger Park die Gartenkunst der ganzen Epoche. Versailles steht für Gigantomanie und die völlige Unterwerfung der Natur unter das Diktat der Geometrie, die jegliches Grün in ihre Formen zwingt. Nur in den großen Flächen der Broderieparterres sind Schnörkel und Bordüren aus Buchs erlaubt, die wie Stickereien wirken. Ansonsten regieren Sichel und Heckenschere. Die schon in der Renaissance ausgeprägte Liebe zu Sym-

Nach dem Vorbild von Versailles erbaut: Schloss Schönbrunn in Wien, Gemälde von BERNARDO BELLOTTO, zwischen 1758 und 1761

metrie und Künstlichkeit erreicht mit dem barocken Park von Versailles einen Höhepunkt. Ebenso die Kunst des Formschnitts, die *ars topiaria,* die bereits die alten Römer 1500 Jahre zuvor pflegten. Kegel, Pyramiden, Kugeln, Obelisken aus Eibe und Buchs salutieren, Tierfiguren und Hecken werden manikürt und exakt getrimmt. So manieriert wie Menuett und Allongeperücke, so affektiert wie die Garderobe und so kompliziert wie die Etikette bei Hofe, so domestiziert ist im »Zeitalter der Vernunft« die Natur. Sie wird in den Käfig der Allmachts-Ansprüche eines feudalen Herrschers gesperrt. Höchste Dekadenz, aber dennoch oder gerade deswegen fasziniert uns Versailles bis heute.

Die gesamte Anlage breitet sich vom Schloss in der Zentralperspektive wie ein grandioser Theaterprospekt aus. Ein Park als Spiegelbild seines Besitzers, Ludwig XIV. Grenzenlos ist dessen politische Macht, schrankenlos wirkt auch dieses grüne Imperium, das vorgaukelt, bis ins Unendliche zu reichen. Lange Kanäle und Wasserspiele aller Arten, verborgene Kabinette, Boskette, Hecken, grüne Lauben und lauschige Salons, Alleen mit hohen kastenförmig beschnittenen Bäumen sorgen für Zerstreuung. Eine Heerschar von mythologischen Skulpturen bevölkert den Park: Zeus, Bacchus, Neptun und Herkules, Flora, Diana, Aurora und Venus. Das große Bassin in der Hauptachse zeigt den aus Meeresfluten aufsteigenden Sonnengott Apollo, eine Anspielung auf den Regenten, der sich selbst als »Sonnenkönig« bezeichnet. Der Park ist die perfekte Bühne für die glanzvollen *Fêtes galantes,* jene manchmal tagelang dauernden Vergnügungen mit Ballett, Theater und kunstvollen Illuminationen.

»Der französische Gartenstil gibt den Anlagen die Form mathematischer Figuren und beaufsichtigt ihr Wachstum mit Zirkel und Lineal.«

EGON FRIEDELL

1662 begonnen, wird über dreißig Jahre an diesem alle Maßstäbe sprengenden Gesamtkunstwerk gearbeitet. Kongenialer Erfüller der extravaganten Wünsche des Herrschers ist der aus einer Pariser Gärtner-Familie stammende André Le Nôtre. Der König ist so begeistert von seinem grünen Prestige-Objekt, dass er selbst einen Garten-Führer verfasst: In der *Manière de montrer les jardins de Versailles* weist Ludwig auf fünfundzwanzig Sehenswürdigkeiten hin, die man beim Rundgang zu beachten habe. Wer war nun letztendlich glücklicher, der Gärtner als Ausführender oder der Regent als Auftraggeber? Der eine brauchte den anderen, aber es war Ludwig XIV., der zum König der Gärtner gesagt haben soll: »Sie sind ein glücklicher Mensch, Le Nôtre!« Heute kennt den Gartenkünstler kaum noch jemand. Zu dessen Zeit aber war er ein Star wie Maler, Bildhauer, Architekten und Musiker.

Von Versailles aus beginnt ein Triumphzug dieses französischen Gartenstils durch ganz Europa. Jeder Regent, und seien Staat und Budget noch so klein, wünscht sich sein Miniatur-Versailles. Schloss Schönbrunn in Wien, Het Loo in Holland, Drottningholm in Schweden, Schloss Augustusburg bei Brühl, Nordkirchen im Münsterland, Herrenhausen in Hannover, Charlottenburg in Berlin – jeder dieser Herrschaften über prachtvolle Schlösser will auch durch einen Garten nach Versailler Vorbild seine Macht demonstrieren. Selbst in den kleinen Privatgärten wohlhabender Schichten halten Geometrie und Formschnitt Einzug. Und auch der klassische Bauerngarten behält über Jahrhunderte seine Kreuzform, mit viereckigen, von Buchs gefassten Beeten. Darin wachsen, wenn der Bauer es sich leisten kann, Gemüse und zierende Blumen beisammen. Schönheit und Nutzen vereint im Garten, das propagierte und praktizierte schon der Naturforscher und Hobbygärtner Goethe im Weimarer Ilmpark.

Eine Pointe der Geschichte der Gartenkunst ist, dass zeitgleich zu den streng strukturierten, symmetrischen Grundrissen Europas in China und Japan Gärten unter genau umgekehrten Aspekten angelegt sind. Dort wird die Natur nicht unterworfen, sondern als Partner betrachtet. Auch hier sind Gärten umfriedet und abgeschieden, aber die Pflanzungen sind gekennzeichnet durch die Ehrfurcht vor der Natur. Ihre Pflege – ob in den großen kaiserlichen Parks oder kleinen Gärten als Zuflucht der intellektuellen

Elite – hat tiefen spirituellen Sinngehalt. Mitte des 18. Jahrhunderts kursiert in Europa eine Beschreibung des Gartens des Kaisers Ch'ien-lung vor den Toren Pekings: Mit künstlichen Hügeln und Tälern, Baumgruppen und sich schlängelnden Bächen wirkt alles wie zufällig entstanden.

In Europa gibt es aber längst eine Gegenbewegung zum abgezirkelten und durchrationalisierten Garten. Diesmal kommt die grüne Revolution aus England. Dort hatte bereits 1625 der Philosoph Francis Bacon die Saat gelegt mit seinem Aufsehen erregenden Essay *Of Gardens*. Darin skizzierte er neben einem geometrischen auch einen »wilden«, verträumt-naturbelassenen Gartenbereich – allerdings sorgfältig komponiert. Zu Beginn des 18. Jahrhunderts verdammen Angehörige des Hochadels, ein emanzipiertes Bürgertum und liberale Politiker die geometrischen Gärten als veraltet und als Ausdruck eines ebenso überholten politischen Systems, des autoritären Feudalismus. England entwickelt sich durch Industrialisierung und bürgerliche Freiheiten zum liberalsten Land Europas – vor der Französischen Revolution. Mit dem Wunsch nach mehr Selbstbestimmung und Freiheit erwächst eine neue Liebe zur Natur.

Es ist die Geburtsstunde des Englischen Landschaftsparks. Genau zu datieren ist sie nicht und auch nicht an einer konkreten Persönlich-

Gladiole

Da will ich nicht übergehn, Gladiole, deren Benennung
Nach dem Namen des Schwerts freischaffende Sprache gebildet.
Du bescherst mir den Schmuck deiner purpurfarbenen Blüte
Früh im Sommer an Stelle des dunkellieblichen Veilchens.
Oder du gleichst Hyacinth, der am Altar Apollos als Blume
Wiedererstand, aus dem Tod des zarten Jünglings geboren
Und an der Blüte Stirn seines Namens Zeichen verewigt.
Deiner Wurzel getrocknete Stückchen lösen zerrieben
Wir in flüssigem Wein, und der Blase grausame Schmerzen
Dämpfen nicht minder wir trefflich mit diesem künstlichen Heiltrank.
Du gibst dem Walker das Mittel, mit dem er das Leinengewebe
Glänzend und steif appretiert und ihm Duft wie von Blumen verleihet.
STRABO

Der Suizenji-Park im japanischen Kumamoto, der 1632 als Landschaftsgarten angelegt wurde

»Ein Garten ist die größte Erfrischung für den Geist des Menschen, ohne welchen alle Gebäude und Paläste nur rohe Machwerke sind.«

FRANCIS BACON

keit festzumachen. Eine Schlüsselrolle spielt der Universalkünstler William Kent. Nach seinem Motto »Die Natur kennt keine gerade Linie« komponiert er in der ersten Hälfte des 18. Jahrhunderts den Park von Stowe zu einer idyllischen Natur-Szenerie. Sie wird zum Vorbild und Maßstab für viele Nachfolger. Größtes Talent und Vollender dieses neuen Gartenstils wird Lancelot »Capability« Brown. Er bringt die Idee des Englischen Landschaftsparks zur höchsten Vollendung. Im Kontrast zum formalen Garten, der aus der Zentralperspektive auf einen Blick überschaubar ist, bietet der Landschaftspark ständig neue Blickwinkel. Das Gelände erschließt sich erst durch die Promenade, auf geschlängelten Wegen überraschen hinter jeder Wegbiegung neue Aus- und Ansichten. Wasser ist nicht mehr in schnurgerade lange Kanäle gezwängt, sondern windet sich kurvig durch das Gelände, Uferlinien an Teichen sind weich konturiert.

Kein gerader Winkel, nirgends. Die Natur soll sinnlicher Empfindsamkeit entsprechen, als emotional, ungekünstelt und vor allem unverdorben wahrgenommen werden. So postuliert es fast zeitgleich Jean-Jacques Rousseau mit seinem Diktum »Zurück zur Natur«. Im Englischen Landschaftspark wirkt alles harmonisch, sanft und äußerst natürlich. Das ist das Grandiose an dieser gelungenen grünen Täuschung – die komplett natürlich wirkende »Natur« ist pure Kunst, von Menschen erdacht und erschaffen. Aber auch hier wird die Natur symbolisch aufgeladen mit Architektur unterschiedlichster Stile und Epochen, die Bildungsgrad und Weltläufigkeit des Besitzers dokumentieren. Besonders beliebt: rö-

Stowe Gardens mit der Palladio-Brücke

mische Tempel, künstliche Ruinen, Schweizer Chalets; mit der Begeisterung für Exotik kommen Chinoiserien und Pagoden hinzu, nicht fehlen dürfen Skulpturen aus der Antike.

Auch diese neue Interpretation von Natur bleibt Adel und reichen Bürgern vorbehalten – Liberalismus hin oder her. Generös ist die High Society nicht, Mauern und Hecken schützen ihr Paradies. Die »Plebs« kann sich derartige Ländereien, die erst Voraussetzung für die eindrucksvolle Wirkung sind, nicht leisten. Der neue Park-Typus ist so begehrt, dass begüterte Parkbesitzer ihren Barockgarten entweder radikal ummodeln lassen oder einen Landschaftsgarten hinzufügen – wie in Schwetzingen, Nymphenburg und Sanssouci. Auch hier dient der Garten nicht nur als privates Arkadien, sondern ist

Schülerinnen der Glynde School for Lady Gardeners beim Unterricht in einem Wickenfeld, um 1905

ein Prestige-Objekt des Besitzers, der sich damit als Avantgardist ausweist.

Reisten die Reichen mit Kunstsinn einst nach Italien und Frankreich, um Renaissance- und Barockgärten zu bewundern, strömen sie jetzt auf die Insel, um die sensationellen neuen Errungenschaften der Gartenkunst zu begutachten. Sie verlieben sich auf ihrer Bildungsreise, der *Grand Tour*, in den Landschaftspark – und kopieren ihn daheim. Auf dem Kontinent grassiert die Parksucht. So entstehen die berühmten Anlagen im englischen Stil des Fürsten Pückler in Branitz und Bad Muskau, des Fürsten Franz von Anhalt in Wörlitz und später jenes preußische Arkadien, das Peter Joseph Lenné für seine Könige erschaffen wird.

Im 19. Jahrhundert wird der englische Park abgelöst durch den Garten des Historismus. Grund ist eine von England ausgehende, dann europaweite sentimentale Begeisterung für Neo-Gotik und Mittelalter.

Der davon beeinflusste Garten und Park versinkt im Stil-Pluralismus – manche Kritiker sagen auch Chaos – diverser Epochen und Kulturen. Beliebt sind kunterbunte Blumen-Rabatten, die sogenannten Teppich-Beete. Man schätzt wieder opulente Pracht und Sinnlichkeit, die sich in exotischen Pflanzen wie Bougainvillea, Palmen und Bananenstauden ausdrücken. Auf der Weltausstellung von 1851 im Londoner Crystal Palace werden Gärten sogar zu Exponaten.

Es dauert nicht lange, bis auch gegen diesen Gartenstil im eigenen Land wieder aufbegehrt wird. Es sind die Garten-Koryphäen William Robinson und Gertrude Jekyll. Sie propagieren Ende des 19. Jahrhunderts eine Rückkehr zum eher naturbelassenen Garten, einer »gepflegten Wildnis« – eine Forderung, die einem bekannt vorkommt. Weg mit den steifen viktorianischen Beeten, ausstaffiert mit vorgezogenen einjährigen Blumen. Das sei altmodisch und gegen die Natur, kritisiert Jekyll, der 1904 die Gründung der ersten Schule für *Lady Gardeners* zu verdanken ist. Gemeinsam mit dem Architekten Edwin Lutyens kreiert sie für die Upper Class elegante Gärten mit sanften Farb- und Pflanzensymphonien. Die werden in populären Gartenmagazinen veröffentlicht und finden sich auch wieder in den kleinen Paradiesen des kleinen Mannes. Rabatten mit mehrjährigen Stauden in Kombination mit ein- und zweijährigen Blumen und Gehölzen werden modern. Die berühmte englische *Mixed Border* entsteht, um deren Schönheit wir die Engländer bis heute beneiden.

»Narren hasten, Kluge warten, Weise gehen in den Garten.«

TAGORE

Seit Mitte des 19. Jahrhunderts werden die Städte durch die wachsende Industrialisierung unwirtlicher, die Wohnverhältnisse prekär. Für den, der sich kein Haus mit Garten leisten kann, ist der Schrebergarten eine grüne Wohltat. Die gemietete Parzelle am Rande der Stadt dient als Refugium und als Möglichkeit, Gemüse und Obst anzubauen. Um die Wende vom 19. zum 20. Jahrhundert erhalten mit den aus England und Deutschland kommenden Ideen der Gartenstadt auch Kleinbürger und Arbeiter ihren eigenen Miet-Garten für Selbstversorgung und Erholung. Pionierprojekt ist 1887 Pot Sunlight bei Liverpool: sechshundert Häuschen im gotischen Stil, umgeben von Zier- und Gemüsegärten. Die Essener Firma Krupp lässt 1912 für ihre Arbeiter die Siedlung Margarethenhöhe bauen. Der kunstvolle Garten ist endgültig zum Allgemeingut geworden und nicht länger Privileg einer wohlhabenden Klasse.

Fälschlicherweise wird immer noch England als das »Mutterland der Gartenkunst« bezeichnet. Doch der Parforceritt durch die Gartengeschichte zeigt: Dieser Status steht wohl eher dem Italien der Renaissance zu. Aber aus England, begünstigt durch sein mildes Klima und begnadete Gärtner, weht auch in der ersten Hälfte des 20. Jahrhunderts weiterhin die Gartenmode auf den Kontinent hinüber. Eine Lady des Hochadels, die Schriftstellerin und grüne Amateurin Vita Sackville-West, erreicht mit ihrer eigenen und einzigen Anlage Sissinghurst Kult-Status. Ein Teil davon, der »weiße Garten«, ist das wohl meist kopierte Stück Grün Europas in den letzten 70 Jahren – bis auf den heutigen Tag.

Plakat zur Kleingartenausstellung 1947 in Dresden

Und wie sieht der Garten heute aus? Nachdem auch der klassische und der postmoderne Garten nicht

In der Laubenkolonie,
HEINRICH ZILLE, 1909

mehr im Trend sind, heißt die Devise überall: *Anything goes.* Im kleinsten Vorgarten stehen Fragmente aus Antike, Renaissance und Barock, die Kopie eines antiken Brunnens, eine Buddha-Figur und eine Buchs-Pyramide. In den Gärten der Bourgeoisie sind gerade Olivenbäume beliebt, aber ebenso feiern Apfelbäume mit historischen Sorten ein Comeback. Altmodische Blumen wie Sterndolde, Veilchen und Nelke werden neu entdeckt und im Zeichen des Klimawandels interessiert sich der ökologisch korrekte Gärtner für Präriepflanzen und Kiesbeete. Die grüne Avantgarde feiert den formalen minimalistischen Garten, aber ebenso naturnahe Paradiese mit

Große Sterndolde, historische Illustration

Pflanzen, die bei uns heimisch sind und sich daher gut anpassen. Der holländische Garten-Künstler Piet Oudolf gilt als Star dieser Entwicklung, die vor über 70 Jahren bereits der Potsdamer Garten-Philosoph und Stauden-Züchter Karl Foerster propagierte.

Ob mancher Politiker die Welle des neuen Garten-Glücks mit Wohlwollen betrachtet? Möglicherweise ist der Garten ein grünes Narkotikum für politikverdrossene Bürger, die, statt zu protestieren, in den Garten gehen. Noch ist unklar, was die allumfassende Garten-Begeisterung für unsere Gesellschaft bedeutet. Erfrischend für Körper und Geist ist es in jedem Fall, zu den Wurzeln, realen wie philosophischen, zurückzukehren. »Weise gehen in den Garten«, heißt es bei Tagore. Und vielleicht macht uns ein Garten tatsächlich ein bisschen weiser.

Die grünen Revolutionäre

ANDRÉ LE NÔTRE, Ölgemälde von CARLO MARATTA, 1680

Er zwängte die Natur in ein irrwitziges mathematisches Korsett, zähmte sie mit Zirkel und Lineal. Er hatte maßlos Zeit und Geld zur Verfügung, war sein Auftraggeber doch der mächtigste Herrscher Europas, Ludwig XIV. – in die Geschichte eingegangen als »Sonnenkönig«. Ausgerechnet André Le Nôtre (1613–1700), der königliche Hofgärtner, also der Erfüller absolutistischen Größenwahns, ein Revolutionär? Ja. Seine Gärten hätten, so lobte der Schriftsteller Saint-Simon, den Ruhm der italienischen völlig ausgelöscht. Schon Le Nôtres Gesellenstück, der Park von Vaux-le-Vicomte südöstlich von Paris, ist wegweisend für die Geschichte der Gartenkunst. Der Spross einer Gärtner-Dynastie, der quasi in den Tuilerien-Gärten aufwuchs, studierte Architektur und Malerei. Das schulte ihn für den späteren genialen Gebrauch von harmonischen Proportionen, Perspektiven und raffinierten Wegeführungen. Bravourös beherrschte er zudem den Einsatz all jener Zutaten, welche das im vergnügungssüchtigen Barock wichtigste Gebot erfüllten: Abwechslung. Wasserspiele, Brunnen, Kaskaden, versteckte Kabinette in den von Hecken gesäumten Seitenpartien, den Bosketten, sorgten für immer neues Amüsement.

Vaux vereint bereits all diese Komponenten, die sich in einem in der Zentralperspektive angelegten

Schlosspark von Vaux-le-Vicomte

Park darbieten. Der aber ist nur scheinbar mit einem Blick zu erfassen. Le Nôtres Trick: Übersicht und Überraschung virtuos zu vereinen. Kenner meinen, diese exquisite Etüde sei das wahre Meisterwerk, nicht die folgende gigantische Sinfonie Versailles. Erst Vaux, das ästhetische, hochluxuriöse Kabinettstück, weckt beim König die Vision von Versailles. Mit dessen Vollendung wird Le Nôtre zum Ahnherren nicht nur aller französischen Gartenarchitekten. Der formale Barock-Park *à la française* ist bald Mode und Versailles wird zum bewunderten Vorbild für viele europäische Adelshäuser. Frankreich ist für Jahrzehnte auch in der Gartenkunst führend.

Das gilt, bis in der ersten Hälfte des 18. Jahrhunderts die Welle der Aufklärung von England auf den Kontinent schwappt und den französischen Barockgarten und die Diktatur des rechten Winkels hinwegreißt. Die Galionsfigur des neuen Gartenstils, der als Englischer Landschaftspark Legende wird, heißt Lancelot Brown (1716–1783). Der gelernte Gärtner und erste professionelle Landschaftsplaner vervollkommnet, was zuvor der Dilettant William Kent begonnen hatte: Landschaft wird mit künstlichen Mitteln so gestaltet, dass sie vollkommen natürlich wirkt.

Diese Kunst kulminiert im Park von Petworth (West-Sussex), ein Szenarium, wo man sich zunächst fragt: Das ist doch reinste Natur, was hat dieser Brown denn hier gemacht? Die Antwort lautet: Alles. Die weich modellierten weiten Rasenflächen hinter dem langgestreckten Schloss, die markanten, als Solitäre gesetzten Bäume, die hübschen Hügelchen und der graziös geschwungene See, alles Design *made by* Brown. 47.000 Tonnen Erde wurden allein für den See ausgehoben. Brown besaß einen diagnostischen Blick für Landschaften und ihre Möglichkeiten. Deshalb gab man ihm den Spitznamen »Capability«; in jedem noch so mittelmäßigen Fleckchen erkannte er Chancen. Seine Stilmittel: perfekte Harmonie der Linien, die, ob als Wege oder Uferlinien, alle geschlängelt und gewunden sind, wenige Farbkontraste, kaum Staffagebauten. Bei ihm findet man deshalb nicht hinter jeder Hecke Tempel, Pavillons,

LANCELOT »CAPABILITY« BROWN, Porträt von NATHANIEL DANCE, um 1769

Petworth Park: Tillington Church in the Distance, WILLIAM TURNER, 1828

Der Garten von Blenheim Palace, gestaltet von »CAPABILITY« BROWN

künstliche Ruinen, gotische Häuser. Alles soll so natürlich, so poetisch wie möglich sein; »mit den Empfindungen eines Dichters und den Augen eines Malers«, so formuliert es Brown selbst, möchte er arbeiten.

Er war es auch, der – wie Le Nôtre auf andere Weise – den Himmel als wirkungsmächtiges Instrument in seine Kompositionen einbezog. Und er gilt als Erfinder der *clumps*, jener Baumgruppen, die als architektonisches Element zu anmutigen Inseln in offene Rasenflächen platziert werden. Browns Parkanlagen sind naturnahe Enklaven. Sie wirken malerisch, harmonisch und dabei verblüffend natürlich. William Chambers, der zur gleichen Zeit Parks mit Gebäuden unterschiedlichster Stile forderte, um damit ein Wechselbad der Gefühle – Schrecken und Erhabenheit – auszulösen, beschimpfte seinen Rivalen als »langweiligen Salatgärtner«. Das minderte den Ruhm des talentierten Mister Brown keineswegs. Er war der begehrteste Gartenkünstler seiner Zeit und *Master Gardener* unter König Georg III. Der Herzog von Marlborough engagierte ihn für Blenheim Palace, dessen Park er in zehnjähriger Tätigkeit radikal überarbeitete und zu einer Attraktion machte. In rastloser Mission trieb ihn nur ein Ziel: ganz England in eine große Parklandschaft zu verwandeln. Das Angebot eines vermögenden Auftraggebers aus Irland lehnte er ab: »Ich habe England noch nicht vollendet!« Brown schuf über 200 Parks und ist bis heute ein »grüner Nationalheiliger« seines Landes.

Doch nun genug von den gigantischen Parkanlagen der Vergangenheit. Springen wir ins 20. Jahrhundert, zu Gärten, Pflanzen und Konzepten, die für fast jedermann erschwinglich und nachvollziehbar sind. Erdacht von rebellischen Querköpfen, Tüftlern und Pionieren, alle verbunden durch eine tiefe Liebe zu Natur und Pflanzen. Einer der prägenden Protagonisten seiner Zeit war der Berliner Karl Foerster (1874–1970), Gärtner, Züchter, Garten-Gestalter und Schriftsteller – ein Universaltalent. Wir verdanken ihm atemberaubende Astern, Phloxe und vor allem Rittersporne. In die war er rettungslos verliebt, züchtete sie in den herrlichsten Blautönen mit verheißungsvollen Namen wie »Gletscherwasser«, »Tropennacht«, »Berghimmel«, »Blaue Grotte« und »Azurriese«. Die Farbe Blau faszinierte ihn derart, dass er ihr das Buch *Blauer Schatz der Gärten* (1953) widme-

»Die Blume erweist sich als größerer Pionier zwischen Welt und Seele, als wir ahnen. Es gehen unvorstellbare Wirkungen von Gärten und Blumen aus.«

KARL FOERSTER

te, ein gerade wiederentdeckter Bestseller, wie so viele seiner Bücher. Foerster war *der* Stauden-Experte mit einem Faible für naturnahe Kompositionen – visionär für die damalige Zeit. Bei allem Praxisbezug sprach er fast mystisch über die Beziehung von Mensch und Pflanze. Seine Bonmots und Weisheiten sind amüsant-tiefsinniger Lesespaß, seine schwärmerischen Blumen-Porträts rühren selbst hartgesottene Grünfinger: »Die schönsten Blumen unserer Tage können wohl der Frühlingsgottheit selber imponieren, und auch der Zwischenschöpfer Mensch, dem sie gelangen, steht fast benommen vor dem unerschöpflichen Adel seiner eigenen Geschöpfe.«

Er ist ein Verfechter winterharter Stauden, an deren Züchtungen er selbst großen Anteil hatte. Foersters vielzitierter Schlachtruf »Es wird durchgeblüht!« ist bis heute ein optimistisches Manifest gegen winterliche Tristesse. Und gegen die Einfallslosigkeit vieler Gartenbesitzer, deren Gärten im April noch »unbegreiflich blumenarm« sind. Er plädiert für die verschwenderische Pflanzung von Frühlingsblühern: »Was soll denn die Nachtigall, die so weit umher kommt, von Euch denken, dass sie ewig auf den alten Büschen Eures Gartens herumsitzen muss? Graut Euch nicht vor Eurem ewig gestrigen Gärtchen?«

Foerster pustet frischen Wind durch steife Rabatten mit immer gleichen Blumen. Er ist ein heiterer Kämpfer, der zeigt, wie durch die geschickte Kombination von winterharten Stauden, Farnen und Gräsern der Garten ganzjährig zum Schmuckstück wird. Sein flammender Aufruf für den »Einzug der

Gräser und Farne in den Garten« ist der Zeit weit voraus, das gleichnamige Buch bis heute eine grüne Bibel. Der Garten-Philosoph adelt Gräser, die bis dato ein unbeachtetes Schattendasein auf Wiesen fristen, oft als Unkraut geschmäht, zur eleganten Zierde im Beet. »Ein Garten ohne Gräser ist grässlich«, befindet er kategorisch. In sechzig Jahren schuf er insgesamt 362 neue Stauden-Züchtungen. Ohne sie wären unsere Gärten heute weniger prachtvoll. Foersters Philosophie ist heute noch sinnlich erlebbar in seinem fast originalgetreu erhaltenen berühmten Senkgarten. Der Garten und das verwunschene Haus in Potsdam-Bornim sind Pilgerstätten für die wachsende Zahl von Foerster-Fans. Mit seiner hellsichtigen Auffassung eines naturnahen Gartens prägte er die Gartenkultur des 20. Jahrhunderts nachhaltig, bis in unsere Zeit.

Zahlreiche zeitgenössische Gartenkünstler nennen Foerster als Vorbild und Inspirationsquelle. Neben der Deutschen Gabriella Pape, die mit ihrer Hommage an Foersters Senkgarten auf der Chelsea Flower Show 2007 eine Silbermedaille gewann, gehört dazu der holländische Staudenzüchter und Gartengestalter Piet Oudolf: »Foerster ist mein Held wegen seiner unkonventionellen Art, Pflanzen zu betrachten.« Oudolf wiederum ist der aktuelle Held naturnaher wie elegant komponierter Rabatten. Er gilt als weltweit gefragter »Stauden-Papst«, ob im High Line Park von New York oder im Gräflichen Park Bad Driburg. Ein dichtes, wogendes Meer von Gräsern, Astern, Funkien, Schafgarbe und Sonnenhut mäandert sich dort durch sanfte Rasenflächen. Subtil überwältigende grüne Grandezza – typisch Oudolf.

Anlage von PIET OUDOLF im Gräflichen Park von Bad Driburg

Für den holländischen Gartengestalter PIET OUDOLF (rechts) war KARL FOERSTER ein großes Vorbild

Sein Credo: Stimmungen, Emotionen und Gefühle erzeugen. Das schafft er mit virtuos abgestuften Farbnuancen, an denen eine Gertrude Jekyll ihre helle Freude hätte. Doch wichtiger als Farbe ist ihm die Form und Struktur einer Pflanze. Markante Korb- und Doldenblütler mit reizvollen Blütenständen sind seine Lieblinge. Er gab vernachlässigten, als altmodisch geltenden Blumen wie Wiesenknopf, Sterndolde und Indianernessel sowie Wildblumen Ehrenplätze im Beet, was ihm nun viele nachmachen. Gräser und Stauden paart er kühn zu überraschenden, harmonischen Familien. Der holländische Garten-Grandseigneur hat den Zeitgeist des naturnahen Staudengartens eingefangen und zeigt uns einen neuen, unbefangenen Blick auf das, was wir bislang im Garten für entweder schön oder wertlos befanden.

Eine Atmosphäre verspielter, nonchalanter Natürlichkeit zu erzeugen – hinter der kenntnisreiche Kontrolle verborgen liegt –, das ist Oudolfs vielleicht größte Kunst.

BETH CHATTO im Sommer 2000

Die *Grande Dame* der naturnahen nordeuropäischen Staudenbewegung ist die Engländerin Beth Chatto. Oudolf nennt sie eine seiner grünen Musen. Als die Lehrerin 1960 begann, war sie ein absolutes Greenhorn und saß auf den miserabelsten zweieinhalb Hektar Land, die es in Essex gab: staunasser Schlamm hier, Kiesboden dort. Heute ist Elmstead Market ein Paradies. Die Amateurin Chatto bewies, wie man auch das ungünstigste Fleckchen Erde mit standortgerechten Pflanzen in ein charmantes, blühendes Natur-Kunststück verwandeln kann. »Pflanzen sind wie Menschen. Sie wollen nicht eingeordnet werden am erstbesten Platz, sie wollen ihre Ansprüche befriedigt sehen«, mit diesem Motto sucht sie die besten Plätze für ihre grünen Schätze aus. »Werden Pflanzen nur wegen ihrer Schönheit, ungeachtet ihrer natürlichen Bedürfnisse gepflanzt, besteht der Garten aus einem traurigen Durcheinander kümmernder und verwahrloster Pflanzen.« Deshalb ist ihre oberste Devise: standortgerechte und möglichst naturnahe Paarungen.

Form und Gestalt der Pflanze, Textur und Farbe der Blätter sind ihr genauso wichtig wie Blütenfarben. Sie wurde Vorreiterin des ökologischen Gartens zu einer Zeit, als der Begriff gerade erst aufkam. Ihr legendärer Kiesgarten, vor zwanzig Jahren auf einem alten Parkplatz in vollster Sonnenlage angelegt, ist ein vielkopiertes kleines Wunder. Chatto machte aus der Not des knochentrockenen Bodens eine Tugend,

»Gärtnern ist keine Frage von Renommee oder Reichtum, Gärtnern ist ein Lebensstil.«
BETH CHATTO

als Klimawandel und Erderwärmung noch keine Menetekel waren. Sie demonstrierte auf hohem ästhetischen Niveau, dass Pflanzen unter extremen Bedingungen ohne künstliche Bewässerung hervorragend gedeihen können. Hunger- und Überlebenskünstler wie Zierlauch, Edeldistel, Wolfsmilch, Nachtkerze, Sedum und Ziest zieren den Kiesgarten mit fast exotischer Farbenpracht. Viele Pflanzen galten damals als ungewöhnlich im Garten. Chatto züchtete sie in ihrer eigenen Gärtnerei, die genauso hieß: »Unusual Plants«. Die Gärtnerin mit dem Blick für das Besondere bewies, wie reizvoll Beete auch ohne bunte Blumen sein können, wenn man nur die richtigen Pflanzen kombiniert. Und sie beendete den Alptraum eines jeden Gärtners, der einen Schattengarten besitzt. Selbst dieses Stiefkind lässt sich in ein Paradies verwandeln. Man muss nur wissen, wie.

Die Altmeisterin beherrscht es mit kenntnisreicher Stilsicherheit. Deshalb spazieren aus aller Welt

BETH CHATTOS legendärer Kiesgarten auf einem stillgelegten Parkplatz

Bewunderer, Amateure und Experten durch ihren Garten. Er zählt zu *den* zeitgenössischen Attraktionen Englands. Mit einem Quentchen Glück wird man von Chatto höchstpersönlich geführt. Ihre fast neunzig Jahre merkt man der feschen Lady nicht an, Gärtnern scheint der beste Jungbrunnen zu sein. Längst wird sie von der Fachwelt geschätzt, errang regelmäßig Medaillen auf der Chelsea Flower Show und wurde 1987 von der Royal Horticultural Society mit der höchsten Ehre, der Victoria Medal of Honour, ausgezeichnet – in würdiger Nachfolge von Gertrude Jekyll.

Salbei

Leuchtend blühet Salbei ganz vorn am Eingang des Gartens,
Süß von Geruch, voll wirkender Kräfte und heilsam zu trinken.
Manche Gebresten der Menschen zu heilen, erwies sie sich nützlich,
Ewig in grünender Jugend zu stehen hat sie sich verdienet.
Aber sie trägt verderblichen Zwist in sich selbst: denn der Blumen
Nachwuchs, hemmt man ihn nicht, vernichtet grausam den
Stammtrieb,
Läßt in gierigem Neid die alten Zweige ersterben.

STRABO

Da befindet sie sich in bester Gesellschaft mit einem ihrer Nachbarn. Nicht weit entfernt, in Great Dixter, da mixte ein verrückter Magier die Farben in seinen Rabatten zu einem tropischen, berauschenden Cocktail. Christopher Lloyd (1921–2006), der Komödiant im Garten, liebte es, Tabus zu brechen: »Regeln setzen Grenzen – ein sicherer Hafen, doch dem abenteuerlustigen Gärtner steht der Sinn nach mehr!« Also knallte er kühn Kontraste zusammen, bei denen Modeschöpfer und Maler vor Neid erblassen und konservativen oder asketischen Gärtnern schwindelig wird. Das Resultat ist nicht schrill, sondern fantastisch: Glühend orange Fackellilien und knallrote Montbretien, violette Schleier-Verbenen und bordeauxrote Dahlien, feuerroter Bartfaden neben violettem Gartensalbei, daraus ragen schwefelgelbe Königskerzen empor. »Farbe? Nur Mut, nicht

Der Komödiant im Garten:
CHRISTOPHER LLOYD

Farbenfrohes Beet in Great Dixter

so schüchtern«, schwärmte Lloyd in seinen erfolgreichen Gartenbüchern.

Sein Garten war seine Hexerküche, in der er mit immer neuer Lust experimentierte. Zentrum ist ein romantisches Fachwerk-Herrenhaus aus dem 15. Jahrhundert. Dort wurde er geboren und dort ist er gestorben, viel gereist ist er nicht. Sein Universum waren zwei Hektar Land. Die Grundgestalt stammt vom berühmten Architekten Edwin Lutyens. Kunstvolle Formschnitt-Pflanzen (*Topiarys*) aus Eibe, vor allem die skurrilen Pfauen-Figuren, stutzte schon Vater Nathaniel. Sie sind das Markenzeichen von Great Dixter. Aber erst durch Sohn Christopher und seine vor Lebensfreude überbordenden Beete und Pflanzkompositionen wurde die Anlage spektakulär. Der gelernte Gartenbauer wusste obendrein exakt, welche Pflanzen von ihren Standort-Bedürfnissen zueinanderpassen. Als weiser grauer Kobold spazierte Lloyd tagtäglich durch seinen Himmel, den er schon auf Erden besaß. Die Pflanzenliebe verband ihn mit Nachbarin Beth; darüber führten sie einen amüsanten, als Buch erschienenen Briefwechsel: *Lieber Freund und Gärtner.* Für gegenseitige Besuche war wenig Zeit, man konnte doch nicht seine Beete im Stich lassen …

So viele Pioniere, Revolutionäre, Eroberer müssten hier noch erwähnt werden. Das oft als Europas Gartenkönige titulierte Wirtz-Trio – Vater Jacques und seine Söhne Peter und Martin –, das den klassischen formalen Garten kongenial in die Gegenwart transformierte, bereichert um den charakteristischen Wirtz-Touch: kaum Farbe, wenig Blumen, dafür Hecken, Gräser, Büsche, Rasenflächen, asketische Sinfonien in unzähligen Grün-Nuancen. Ihre schönste Erfindung sind wolkenförmig aneinandergereihte Buchskugeln – Barock, modern. Ihre Handschrift ist elegant und selbstverständlich. Oder die Holländerin Mien Ruys (1904–1999), Galionsfigur der Klassischen Moderne, wurde früh geprägt durch die elterliche Gärtnerei, später studierte sie Architektur. Entsprechend architektonisch streng waren auch ihre Gärten: einfache, klare Formen und Beete in üppiger Fülle. Bestechende Schlichtheit. Dass alte Bahnschwellen plötzlich beliebte Gestaltungsmittel im Garten wurden, ist ihr zu verdanken. Zu den gefeierten Erneuerern zeitgenössischer Gartenkunst zählt auch der Engländer Christopher Bradley-Hole. Wie Ruys ist er gelernter Architekt und errang als

Postmoderner Garten
von MARTHA SCHWARTZ
in El Paso, Texas

Amateur mit seinem Debüt 1993 in Chelsea prompt eine Medaille, seitdem ist er passionierter Gartengestalter. Dem moderaten Advokaten der Moderne gelingt bravourös die Synthese aus Geometrie und organischen Formen. Minimalismus ist sein Motto, Raster und Rhythmus. Dynamische Freiheit bekommen seine Entwürfe durch natürliche, fließende Bepflanzungen, deshalb sind Gräser seine Favoriten. Im Gegensatz dazu gilt die Amerikanerin Martha Schwartz als Punkerin im postmodernen Garten. Man feiert sie als grüne Pop-Art-Avantgardistin oder lehnt ihre Kreationen als artifiziellen Kokolores ab. Eine radikale Minimalistin, deren Debüt 1979 mit lackierten echten Bagles-Kringeln im Beet ein Schock war. Sie setzt Materialien wie Plastik ein, selbst vor künstlichen Blumen und Hecken schreckt sie nicht zurück, bringt damit aber auch Ironie in den Garten. Der Provokateurin geht es ausdrücklich nicht um Pflanzen, dafür setzt sie viel auf knallige künstliche Farbeffekte. Kunst oder Quatsch? Darüber werden, wie auch bei vielen anderen Gärten, nachkommende Generationen entscheiden.

»Es müssen nicht immer große Gärten sein. Sie können auch klein sein – wenn sie hoch sind.«
KARL VALENTIN

Der Garten – die Schule des Lebens

Der Garten lehrt uns auf einfache Art viel über die Dinge des Lebens. Nichts verdeutlicht besser die irdische Vergänglichkeit als ein Garten im Rhythmus der Jahreszeiten. Er ist das vielleicht schönste und anschaulichste Beispiel für das Leben von der Geburt bis zum Tod. Jedoch versuchen wir ausgerechnet im Garten, den Faktor Zeit auszublenden. Denn das Verrinnen der Stunden erinnert an die eigene Endlichkeit. In unserem kleinen Paradies wollen wir davon nichts wissen. Wäre es nicht herrlich, wenn alles immer so bleiben könnte wie es gerade ist? Wie an diesem herrlichen Sommertag, wo die Rosen betören, das Gras saftig grün ist, keine Schnecke weit und breit, die Kastanie Schatten spendet, die Hummeln über dem Ziersalbei brummen, eine sanfte Brise weht – ach, bitte, so schön möge es doch ewig bleiben.

Sobald die Hoch-Zeit des Sommers mit seinem Blüten-Rausch vorbei ist, werden wir leicht wehmütig. Und wenn die letzte Rose ihren Kopf geneigt hat, die Dahlien erschöpft sind, der Federmohn mit seinen großen grausilbernen Blättern zu schwächeln beginnt und die fragilen porzellanfeinen Blütenschalen der Japanischen Herbst-Anemone zu Boden schweben – spätestens dann werden wir gewahr: der Herbst schreitet voran, der grimmige triste Winter ist unausweichlich. Wir verfallen mit unserem in Trauerflor stehenden Garten in gemeinsame Winter-Depression. Es gibt jedoch eine wachsende Schar von Gartenbesitzern, welche diesem Prozess des Verfalls reizvolle Seiten abgewinnt: Stauden werden nach der Blüte nicht mehr ratzekahl heruntergeschnitten, sie dürfen langsam dahinschwinden. Die changierenden Brauntöne des Laubs, die Morbidezza verwelkter Blütenstände, die mit dem ersten Frost zu bizarren Figuren mutieren, hohe Gräser, die durch Raureif kristallin glitzern, kahle Bäume, deren verästelte Kronen bizarre Formen annehmen – das alles fügt sich zu einem melancholisch-schönen Tableau.

Garten ist Werden und Vergehen. Im Zeitalter des Barock war der Tod stets präsent als Teil des Lebens. Dieses Neben- und Miteinander von Leben und Tod lernt man täglich in seinem Garten. Er zeigt uns auf ganz subtile, aber deutliche Weise, was *Carpe diem* bedeutet: Lebe den – diesen – Tag. Heute erstrahlt mein Garten wie ein perfektes Gemälde. Genau so wird er nie wieder sein, schon morgen ist er um einen Hauch verändert und im nächsten Sommer erst recht.

Diese Feinheiten zu sehen und zu genießen, dazu braucht es eine Aufmerksamkeit, die uns im Alltag durch Stress, Lärm, Hektik verloren geht. Aber schon der Anblick der ersten Krokusse und Schneeglöckchen, die sich emporkämpfen und ihre zarten Blütenkelche gen Himmel recken, versetzt uns staunend in Rührung. Lässt uns innehalten. Im Garten empfinden wir wieder die Kostbarkeit des Augenblicks und sind aufmerksamer für das Flüchtige der Schönheit. Jeder Garten zeigt radikal, dass alles den

Weg des Irdischen geht. Die geliebte Pfingstrose mit ihren prallen weißen Blüten ist eines Tages perdu, der heiß verehrte, weil von Großmutter gepflanzte Fliederbaum, er will nicht mehr blühen und sagt Adieu, einfach so. Man vergießt einige Tränen, trauert ein paar Tage und marschiert stracks ins nächste Gartencenter und holt Ersatz. Vielleicht verändert uns unser Garten im Laufe der Jahre und stimmt uns versöhnlicher mit der Unabänderlichkeit der eigenen Sterblichkeit.

Eine Pflanze geht ein? Das macht nichts, da hat man doch Platz für Neues! Garten als ständige Herausforderung – oder wie es der Potsdamer Gartenphilosoph Karl Foerster formulierte: »Wer mit seinem Garten zufrieden ist, hat ihn nicht verdient!« Also eine permanente Herausforderung. Gartenarbeit ist gesund und sie erspart das Geld für's Fitness-Studio und Sauna. Schon wieder ein Paradoxon: Wir preisen unseren Garten als *den* Ort der Entspannung. Dabei liegen wir in Wahrheit nur selten in der Hängematte und dösen, stattdessen ackern und schuften wir. Nehmen Rückenschmerzen, Muskelkater und Schwielen in Kauf. Gartenarbeit ist die schönste freiwillige Fron der Menschheit.

Die Mühsal im Garten zeigt diese Abbildung aus PIETRO DE' CRESCENZIS *De ruralium commodorum* in einer Ausgabe von 1486

Jeder Gärtner, jede Gärtnerin steht in der Nachfolge von Sisyphos. Denn ein Garten ist nie fertig, es gibt immer etwas zu tun. Ständig muss man umpflanzen, beschneiden, feststecken, düngen, wässern (es sei denn, man gehört zur Kategorie der nonchalanten Gärtner, die der Natur weitestmöglich ihren Lauf lassen wollen). Alles im Garten erfordert Aufmerksamkeit, wenn das gewünschte Ergebnis erreicht und erhalten werden soll. Die Rosen wollen

ausgeputzt werden, der wuchernde Blauregen verursacht ein schlechtes Gewissen, weil er dringend gestutzt werden müsste. Und womit beschäftigt sich der leidenschaftliche *Homo horticola* im Winter? Er blättert in dicken Katalogen und grübelt, wo er noch ein Plätzchen für diese atemberaubend violetten Lenzrosen finden könnte, macht Bestelllisten und neue Pflanzpläne.

gegenüber:
Der Gartenfreund, Ölgemälde von CARL SPITZWEG, um 1860

Der Garten ist wie ein Kindergarten, in dem die Schützlinge und Lieblinge betüttelt, gepäppelt, umsorgt werden. »Je mehr sorgfältig gepflegte Gärten ich sehe, umso mehr geht mir auf, wie wichtig diese Pflege ist«, schrieb die begnadete englische Amateur-Gärtnerin Vita Sackville-West. »Nichts gedeiht ohne Pflege« war bereits das Motto des königlichen Hofgärtners Peter Joseph Lenné. Wer seinen Garten vernachlässigt, der erlebt, wie die kunstvoll gestaltete Natur ihre Façon verliert und sich im Handumdrehen in Wildnis zurückverwandelt. Bei allen meinen Besuchen in privaten Gärten und Parks hatten die Besitzer stets eine kleine Schere dabei. Und während sie charmant durch ihr Paradies führten und ihre grünen Schätze zeigten, zückten sie unablässig ihr Werkzeug – en passant wurde ein kleiner Zweig gestutzt, eine verwelkte Blüte entfernt.

»Ein Garten entsteht nicht dadurch, dass man im Schatten sitzt.«
RUDYARD KIPLING

BORIS PASTERNAK beim Umgraben vor seinem Haus nahe Moskau, 1959

Dolce far niente? Mitnichten. Garten entsteht eben nicht von selbst. Sondern ist eine Kunst-Natur, die mit Ideenreichtum und noch viel mehr Arbeit der Natur abgetrotzt werden muss. All die Literatur, die uns einflüstert, man müsse nur ganz wenig machen – »Garten für Faule«, »Gärtnern leicht gemacht« –, ist Schwindel. Stellen Gartenbesitzer eine Rechnung

Napoleon bei der Gartenarbeit auf St. Helena, zeitgenössische Lithographie, 1815

auf, wie viel Zeit sie in ihrem Paradies arbeiten und wie viele Stunden sie dort in Ruhe sitzen und einfach nur genießen – die Arbeitsstunden sind garantiert in der Mehrzahl. Aber die erhoffte Erholung und Entspannung, dieses besondere und nur durch den Garten ausgeschüttete Glückshormon, das fast alle Gärtner kennen, entsteht öfter bei der Arbeit als beim mußevollen Anblick des Erschaffenen.

Alle Gartenbesitzer schwärmen von diesem beglückenden, unvergleichlichen Gefühl, wenn sie in der Erde wühlen (nicht mit Handschuhen, wohlgemerkt), um behutsam winzige Setzlinge einzupflanzen. »Da ist man ganz nah an der Natur«, lautet das Mantra. Und wie anrührend und bereichernd es ist, aus einem schrumpeligen Samenkorn Wochen später eine Frucht oder eine Blume sprießen zu sehen. Dieses archaische Gefühl, mit dem Spaten riesige Beete umzugraben. Und wer hätte gedacht, dass Laubharken geradezu kontemplativ sein könnte (abgesehen von jenen Berserkern, die mit elektrischen Laubbläsern jegliche paradiesische Ruhe zerstören). Den kathartischen Effekt der Gartenarbeit beschwören nicht nur Manager, die sich nach Büroschluss hingebungsvoll in die Beete knien; und die sich hinterher entspannter fühlen als nach einem Bad im Salzwasser-Tank – Gärtnern, eine Randsportart.

»Gardening is a serious sport«, heißt es in England. Dort sagt man »gardening«, die Deutschen haben dafür den Begriff »Gartenarbeit«. Das klingt zwar weniger romantisch als das sich gerade etablierende »Gärtnern«, trifft jedoch besser den Kern. Andererseits bedeutet »Gärtnern« auch: lustvolle Freude an der Arbeit. Yogakurs und autogenes Training sind für manchen passionierten Gärtner entbehrlich. Manchmal sogar der Psychotherapeut. Eigentlich ist der Garten ein Allheilmittel gegen Krisen aller Arten. Ob Liebeskummer, Anfälle von Schwermut, Familienkrach, Ärger im Beruf oder schlicht nur schlechte Laune – nach zwei Stunden Jäten, Graben und Harken sind Kopf und Herz leichter.

Denn ein Garten ist nicht nur für den Körper gut, sondern auch für die Seele. Das erkannten und propagierten Philosophen, Schriftsteller und Künstler seit Jahrtausenden bis in unsere Gegenwart. Viele Geistesgrößen waren leidenschaftliche und kenntnisreiche Gärtner, von Leonardo da Vinci über Johann Wolfgang von Goethe bis zu Hermann Hesse. Die Liste berühmter Künstler, die in ihrem grünen Refugium Trost und Ruhe fanden, ist lang. Manche wurden sogar selbst als Gärtner berühmt, man denke an Claude Monet, Max Liebermann, Antoni Gaudí

»Die Natur ist das Dankbarste, wenn auch unergründlichste Studium, denn sie macht den Menschen glücklich, der es sein will.«

JOHANN WOLFGANG VON GOETHE

HERMANN HESSE mit seiner Frau Ninon, um 1952

oder Niki de Saint Phalle. Englands erster Literatur-Nobelpreisträger Rudyard Kipling (1907) mutierte zum begeisterten Hobby-Gärtner und versenkte sein gesamtes Preisgeld von 7700 Pfund in der Erde, für die Anlage seines eleganten Landsitzes Bateman's. Er errang weiteren Ruhm mit der Hymne *The Glory of the Garden*, in der er seine Heimat als »einen einzigen Garten« verherrlichte. Für den 1994 an Aids verstorbenen britischen Filmregisseur Derek Jarman war der eigene Garten in Dungeness (Kent) Arznei und Therapie zugleich: »Ich kann eine einzige Pflanze eine Stunde lang betrachten, das bringt mir großen Frieden.«

So scheint es vielen Gartenbesitzern zu gehen. Manche verreisen im Sommer nicht mehr, weil sie sich von ihrem geliebten Eden nicht trennen können. »Ich verlasse doch meinen Garten nicht, wenn er am schönsten ist«, erklären sie empört. Schließlich blühe im Juni der blaue Rittersporn besonders herrlich und danach gehe der Rosen-Rausch los. Und im Herbst genieße man die Dahlien- und Astern-Blüte, freue sich an der Apfel-Ernte. Kurzum, vor Ende Oktober sei Reisen schlicht unmöglich. Obendrein könnten sie ihr Schmuckstück nicht fremden, womöglich unprofessionellen Händen anvertrauen. Man bleibt lieber daheim und genießt sein selbst geschaffenes Paradies.

»Es ist ganz gleich, ob ein Garten klein oder groß ist. Was die Möglichkeit seiner Schönheit betrifft, so ist seine Ausdehnung so gleichgültig, wie es gleichgültig ist, ob ein Bild groß oder klein, ob ein Gedicht zehn oder hundert Zeilen lang ist.«

HUGO VON HOFMANNSTHAL

Ein Garten fordert unsere Kreativität. Eine Tätigkeit, die durch die Kombination von Planung, Wissen, Phantasie und Experiment zu einem Kunstwerk werden kann. Eine Vision wird real und, wenn das Ergebnis missfällt, im nächsten Frühling geändert. Dabei braucht ein als schön empfundener Garten, was immer damit gemeint ist, nicht unbedingt viel Geld kosten. Es gibt große, aufwändige Parks – völlig belanglos, ohne Esprit, Originalität und Stil, eklektische Kopien eines italienischen, französischen oder englischen Vorbilds. Geld schützt nicht vor mangelndem Geschmack. Dann gibt es winzige Vorgärten, die ein gelungenes harmonisches Kleinod, ein grünes Fest *en miniature* sind. Jeder private Gärtner ist sein eigener Architekt, Schöpfer und Künstler in Personalunion. Er kann einen wilden Ritt durch die Gartenmoden machen, ein bisschen Versailles, ein Tupfer Sissinghurst, eine Prise Präriegarten à la Piet Oudolf; erlaubt ist, was gefällt. Nichts inspiriert mehr als eine leere Fläche, die man nach eigenem Gusto gestalten kann.

Phantasiekostüm des Gärtners mit den Attributen seines Gewerbes, Kupferstich von NICOLAS II. DE LARMESSIN, 1695

Es ist ein Prozess mit Höhen und Tiefen, Glücksmomenten und herben Enttäuschungen, Siegen und Niederlagen. Wie das eben so ist in einer Liebesbeziehung. Ähnlich wie die Liebe ist auch die Natur weder perfekt noch planbar. Sie geht Umwege, sorgt ständig für Überraschungen, im Guten wie im Schlechten. Die Buchenhecke mickert vor sich hin. Die Robinie wächst dafür viel zu schnell und hat schon den gesamten Innenhof verschattet. Die im Katalog in Rot bestellten Tulpen entpuppen sich als dottergelbe Kleckse und machen das sorgfältige Farbkonzept im Staudenbeet zunichte. Die dreißig im Herbst gesetzten Zierlauch-Knollen verschwanden auf Nimmer-

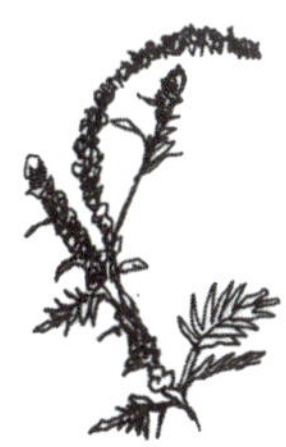

Ambrosia

Nahe erhebt sich der Rainfarn, Ambrosia, wie er gewöhnlich
Heißet. Man lobt ihn zwar sehr; aber manche bezweifeln doch, ob es
Jene Ambrosia sei, die die Bücher der Alten so häufig
Nennen. Sicher verwenden in ihrem Berufe die Ärzte
Ihn als Arznei: er entzieht, als Mittel getrunken, dem Körper
So viel Blut, wie er Säfte ihm heilsam wiederum zuführt.
STRABO

wiedersehen. Die Akelei schlampert sich durch den Garten und taucht an unerwarteten Stellen auf. Und aus dem romantischen Rosenbeet ragt der hohe Kandelaber einer schwefelgelben Königskerze. Eine Frechheit – aber herzlos herausreißen? Das wäre Frevel.

Was lernen wir daraus? Man macht einen Plan und die Natur stößt ihn wieder um. Der Garten beschert heitere Gelassenheit und Toleranz. Und die Erkenntnis, dass wir vielleicht weniger kämpfen, mehr zulassen sollten. Sowie die tröstliche Gewissheit, dass es immer weitergeht. Welch ein optimistischer Akt, an einem grauen kalten Herbsttag hässliche braune Zwiebeln und Knollen in der Erde zu versenken. Und sich dann das farbenfroh wogende Meer von Narzissen, Tulpen, Hyazinthen und Schachbrettblumen im Frühling vorzustellen. »Lasst uns pflanzen und fröhlich sein, vielleicht sind wir nächsten Herbst schon ruiniert!« Mit trotziger Unerschütterlichkeit notierte dies Vita Sackville-West in Zeiten höchster Geldnot und inmitten des 2. Weltkriegs.

»Das Gras wächst nicht schneller, wenn man daran zupft.«

CHINESISCHES SPRICHWORT

Neben Optimismus bringt uns der Garten etwas bei, was vielen fehlt. »Geduld ist die größte Tugend des Gärtners«, so lautete das Credo Lennés, der selbst nicht mehr erlebte, was er schuf: Die Schönheit seiner Sichtachsen und Baumgruppen genießen erst wir, die Nachgeborenen. Daran zeigt sich – wie bei vielen großen Gärtnern der Vergangenheit – seine visionäre Genialität: Er wusste, wie Gehölze sich in ihren Silhouetten entwickeln würden, um jene arkadische Wirkung zu entfalten, die uns heute beeindruckt. Wir hingegen versuchen die Zeit auszutricksen. Weil wir nicht abwarten können, wie die Hecken, Sträucher und Bäume wachsen – und die meisten wachsen schrecklich langsam –, kaufen wir in Baumschulen gepflanzte Zeit (vorausgesetzt, wir haben 20.000 Euro übrig für eine sechzigjährige Buche).

Früher pflanzte der Familienvater einen Baum, dessen Pracht sich erst in der nächsten Generation entfaltete. Wir Ungeduldige kaufen uns vorgezogene große Buchenhecken, Rhododendronwälle und alte Bäume. Sie sollen unserem Eden Patina geben, Alter und Tradition vortäuschen, als wüchsen sie schon Jahrzehnte dort. Eine extravagante Form von Luxus. Bereits zu Beginn des 19. Jahrhunderts überlisteten Fürst Pückler in Bad Muskau und siebzig Jahre später Alfred Krupp in seinem Park der Villa Hügel Mutter Natur. Sie ließen komplette Alleen ausgraben, transportieren und umpflanzen. Heute, wo das Wort Entschleunigung gerne gemeinsam in einem Atemzug mit Natur gebraucht wird, gibt es aber auch solche Überraschungen: Meine gut situierten Nachbarn, Anfang 30, bepflanzten ihr parkartiges Areal mit wirklich sehr niedrigen Sträuchern. »Wir gönnen uns den Luxus, sie wachsen zu sehen«, erzählten sie strahlend.

Schließlich erfahren wir in unserem Eden auch, was Demut heißt. In Japan gibt es ein Gedicht: »Im Frühling ging ich ins Feld, um die blühenden Blumen zu bewundern – nicht, um sie zu pflücken.« Man muss nicht religiös sein, um die Natur mit Ehrfurcht und reiner Freude an der vielfältigen Schönheit zu betrachten. Alles nur Physik und Chemie, sagt der Pragmatiker. Alles eine wunderbare Schöpfung, sagt der Romantiker. Beide haben Recht. Aber ein Garten ist mehr als die Summe seiner Pflanzen. In jedem Garten steckt ein Abglanz der menschlichen Idee vom Glück. Zivilisationskritiker reden von einer »sinnentleerten Gegenwart«, in der wir leben. Das Leben ist hoch kompliziert geworden. Ein Garten dagegen ist ganz einfach, wenn man einige Regeln kennt. In den letzten hundert Jahren sind wir der Natur abhanden gekommen. Nun versuchen wir, uns ihr wieder zu nähern, am intensivsten im eigenen Garten. Ein eingezäuntes Stück Erde, das mit viel Mühe, Geld und Geduld so lange bearbeitet wird, bis aus der Natur ein Stück gestaltete, künstliche Natur geworden ist. Nach getanem Werk liegen wir dann (kurz) in der Hängematte oder verschnaufen auf unserer Edwin-Lutyens-Bank, schauen liebevoll auf den getrimmten Buchs-Baum und seufzen wohlig ermattet: »Wie schön ist es doch in der Natur!« Vielleicht freuen wir uns auch – ohne dass es uns bewusst ist –, weil wir ein bisschen Gott spielen durften.

Gartenbank unter dem Kastanienbaum im Wannseegarten, Ölgemälde von MAX LIEBERMANN, 1915

Exzentriker in Eden

Dies ist kein erbaulicher Park, es ist ein im wahrsten Sinne des Wortes verrücktes Universum. Nichts entspricht hier den klassischen Regeln schöner Gartenkunst, es gibt weder harmonische Symmetrie noch anmutige Pflanzen. Der «Sacro Bosco« von Bomarzo nahe des italienischen Städtchens Viterbo gibt seit rund 450 Jahren Rätsel auf. Ziemlich gewiss ist, dass der Besitzer, Fürst Vicino Orsini (1523–1584), zuerst ganz traditionell einen Lustgarten im geometrischen Renaissancestil mit Wasserspielen anlegte. Doch harte Schicksalsschläge – der Tod eines engen Freundes, die Erfahrung grausamer Kriegsgemetzel, Gefangenschaft sowie der frühe Tod seiner geliebten Ehefrau Giulia – lassen den hochgelehrten Schöngeist zum an Gott und der Welt zweifelnden Misanthropen werden. Das spiegelt sich, so deuten es die meisten, in seinem Park wider. Arkadien wandelt sich zum sinnverwirrenden Albtraum; der Architekt Pirro Ligorio soll die Phantasien des Fürsten verwirklicht haben. Die Beschäftigung Orsinis mit seinem *Boschetto* (Wäldchen) sei »ein Mittel zur Selbstrettung in einer Welt, die eigentlich nur Melancholie zu bieten hat«, so der Kunsthistoriker Horst Bredekamp aus heutiger Sicht.

Ein Gang durch dieses dschungelartige Anti-Eden, berühmt geworden als »Park der Monster«,

OGNI PENSIERO VOLA

enthüllt hinter jeder Biegung mythologische Allegorien aus überdimensionalen, moosüberwucherten Skulpturen: Hier umfasst ein Elefant einen toten Krieger, dort kämpfen Drache und Löwe, zwei Riesen ringen miteinander, ein Koloss zerreißt eine Frau; erotische Fabelwesen, Sphinxen, Chimären, ein dreiköpfiger Hund. Das berühmteste Motiv des Pandämoniums ist der Höllenschlund, »L'orco«, eine monströs aufgerissene Fratze aus Stein. Wagen mutige Besucher sich in das dunkle Innere, können sie die Zeilen entziffern:»Ihr, die Ihr eintretet, lasst alle Hoffnung fahren« – jenes berühmte Zitat aus Dante Alighieris *Göttlicher Komödie*. Eine von vielen literarischen Anspielungen, mit denen dieses verstörende wie faszinierende Garten-Kunststück gespickt ist. Es gilt als Meisterwerk des Manierismus, jenes kunsthistorischen Intermezzos zwischen Renaissance und Barock. »Im Manierismus steht der Garten als Schöpfung des Menschen, als ›irdisches Paradies‹ unvermittelt neben der Natur«, lautet eine Maxime. Der Höhepunkt im »Sacro Bosco« ist das »Schiefe

Bis heute gibt der »Sacro Bosco« von VICINO ORSINI Rätsel auf: »L'orco«, der Gott der Unterwelt (links), und das »Schiefe Haus«

Haus«. Kein eingestürztes Haus, wie man vermuten könnte. Ganz bewusst ließ Orsini ein über einem Abgrund torkelndes, schräges Gebäude bauen, dessen Anblick Schwindel und Panik auslöst, eine Hitchcock-Kulisse. Ist das Haus Symbol für eine, seine, Welt, die aus den Fugen geraten ist? Die passende Pointe ist, dass dieses verwunschene Gelände für Jahrhunderte im Dornröschenschlaf lag. Einer der größten Exzentriker des 20. Jahrhunderts, Salvador Dalí, war um 1950 einer der ersten Besucher nach der Wiederentdeckung und verfiel, kein Wunder, dem seltsamen Reiz dieses Ortes. Bis heute strahlt der »Heilige Wald« von Bomarzo morbiden, verwirrenden Zauber aus, die Diskussion über seinen Sinn oder Irrsinn dauert an.

So wie der an Weltschmerz leidende Fürst haben andere Exzentriker die Natur ignoriert, integriert, akzeptiert, aber vor allem domestiziert – manchmal könnte man sagen vergewaltigt – und vielfach für ihre ausgefallenen Träume annektiert. Für ihre Vision vom Paradies kreierten sie utopische, mystische, verwunschene, exotische oder märchenhafte Welten. Ihr Eden wurde zum eigenen Kosmos, ein individueller Gegenentwurf zur realen Welt und oft völlig jenseits landläufiger Vorstellungen von Garten und Park. Geld spielte meist keine Rolle für die kühnen und kapriziösen Projekte, gleichwohl ruinierte sich mehr als einer mit seinen Park-Phantasien. Naturgemäß stammen die meisten grünen Exzentriker aus England. Im gärtnernden Briten vereinen sich eine exzessive Liebe zu Pflanzen und Natur mit exzellentem Stilempfinden und einem Hang zum Ausgefallenen, Skurrilen, Extravaganten. In Peter Greenaways Film-

Klassiker *Der Kontrakt des Zeichners* (The Draughtsman's Contract), einem ironisch-hintersinnigen Barock-Krimi, spielt die melancholisch-düstere Kulisse eines Parks mit *Topiarys* die heimliche Hauptrolle. Ein ummauerter *walled garden* wird flankiert von Eiben, Buchsen und Stechpalmen, alle zu skurrilen Figuren getrimmt. Sie wirken wie grüne Wesen, die auf ein Zauberwort hin lebendig werden könnten, rätselhaft und leicht bedrohlich. Seltsam geformte, wie sturmgebeugte Wacholderbäume verstärken die beunruhigende Aura. Vor Ort in Groombridge Place, dem Original-Schauplatz in Kent, überrascht die Überschaubarkeit der Anlage, was den surrealen Sog um nichts schmälert.

In der zweiten Hälfte des 17. Jahrhunderts ließ der damalige Besitzer von Groombridge, Philip Packer, neben dem Herrenhaus aus roten Ziegeln auch den Garten anlegen. Der Hausherr war Jurist, ob er oder ein berühmter Gartenkünstler wie John Evelyn der Schöpfer war, bleibt ein ebenso ungelüftetes Geheimnis wie der Garten selbst. Der ist durch Greenaways Meisterwerk ein *must* auf jeder grünen *Grand Tour* durch England.

Exzentriker par excellence war William Chambers (1723–1796). Der gebürtige Schwede mit schotti-

Mohn

Hier gefällt es mir wohl, im Kranz meiner leichten Gedichtchen
Nun des Feldmohns Erwähnung zu tun, den die Mutter Latona
Trauernd wegen des Raubs ihrer Tochter genossen, so sagt man,
Dass ersehntes Vergessen die Brust ihr vom Kummer befreie.
Zugleich vermag, wie man sieht, ein schlimmes Geschwür, das unleidlich
Bitter vom Grunde der Brust bis hinauf zur Pforte des Mundes
Aufstößt, mit Hilfe des Mohns sehr häufig Heilung zu finden.
Trächtig von körnigen Samen vermag sich sein Haupt an dem schwachen,
Vorgeneigt hangenden Halse hinauf zur Höhe zu strecken,
Und nach Art der Granate, des Apfels aus punischem Lande,
Unter dem faltigen Mantel der einzigen Schale verbirgt er
Körner in großer Fülle von hochzupreisender Wirkung,
Und vom Geräusch des Kauens empfing er den sprechenden Namen.

STRABO

Staffage-Bauten jeglicher Art, ob Pagode oder Moschee, vereint WILLIAM CHAMBERS in seinem Musterkatalog

schen Wurzeln zählte zu den renommierten Baumeistern seiner Zeit und hatte als Architekt des Königs Georg III. universellen Anspruch: In seinen zahlreichen, dem Klassizismus verpflichteten Gebäuden entwirft er auch Innendekoration, Möbel, Uhren und Vasen. Chambers reiste als junger Angestellter der Ostindienkompanie dreimal nach Asien. Dieses Privileg, das zu jener Zeit nur wenige Europäer erhalten, kommt ihm später zugute. Denn Mitte des 18. Jahrhunderts befindet sich ganz Europa im China-Fieber, Chinoiserien beherrschen Tapeten, Stoffe, Porzellan, Mode, Kunst und Architektur. Der gewiefte Chambers propagiert diese exotische Mode in seinen Büchern *Design of Chinese Buildings, Furniture, Dresses, Machines and Utensils* und *A Dissertation on Oriental Gardening*. Besonders das Gartenbuch ist eine grandiose Mischung aus Fakten und Fiktion, eine Gartenwelt nach Chambers Wille und

Vorstellung. Laut Chambers sollen die Anlagen widersprüchliche Gefühle auslösen: »Fürchterliches, Erstaunliches und Vergnügliches«. Er ist ein vehementer Kritiker der aktuellen englischen Landschaftsparks. »So wenig Abwechslung, solch ein Mangel der Gegenstände, solch eine Armut der Einbildungskraft, dass der Besucher sich sterblich langweilt«, bemängelt er. Und dafür hätten Generationen schöner Gärten in Masse fallen müssen, polemisiert Chambers weiter: »Die Axt hat oft an einem Tage den Wuchs von Generationen zu Boden gelegt!«

Weil sein mit Staffage-Bauten vollgestopfter Park dem Anliegen des Englischen Landschaftsparks, der kunstvoll die Natur kopiert, komplett widerspricht, stößt Chambers auf heftige Kritik. Doch ausgerechnet der englische Hof ist *amused* und so darf Chambers von 1757 bis 1762 die 120 Hektar des königlichen Gartens von Kew komplett umkrempeln. In dem wie eine Bühne gestalteten Park versammelt er ein Sammelsurium der Architektur-Stile und Epochen: antike Tempel, eine Kathedrale, die Alhambra, eine Moschee, mehrere Gebäude im chinesischen Stil und als Clou eine Pagode. Die fünfzig Meter hohe Kopie eines Originals in Nanking ist bis heute die Attraktion in Kew und wurde vielfach nachgeahmt. Die Pagode von Chanteloup (bei Amboise an der Loire), die Chinesischen Türme in Oranienbaum bei Wörlitz und im Englischen Garten in München oder das pagodenförmige Drachenhaus im Park Sanssouci sind alle von Kew inspiriert. Durch Kew wurde Chambers als Vorreiter des *Jardin anglais-chinois* und des sentimentalen Landschaftsgartens berühmt, doch es blieb sein einzig erwähnenswerter Park.

WILHELMINE VON BAYREUTH,
Porträt von ANTOINE PESNE, 1740

Zwanzig Jahre vor Kew Gardens formte eine adlige Dame in tiefster fränkischer Provinz ihr exzentrisches wie elegantes kleines Universum. Markgräfin Wilhelmine von Bayreuth (1709–1758), die Lieblingsschwester von Preußens König Friedrich dem Großen, schuf mit der Eremitage einen höchst originellen und eigenwilligen Park – jenseits der damals herrschenden Gartenmode. »Altes und Neues wird begierig begriffen«, bilanzierte zu Beginn des 20. Jahrhunderts die Gartenkunsthistorikerin Marie-Louise Gothein fast bewundernd. War der Kontinent noch von Versailles und der Liebe zur Geometrie geprägt, so war in Bayreuth alles anders.

Das »Neue Schloss« der Markgräfin ist eine der schönsten *Folies* – wie die Franzosen verrückte kleine Gebäude nennen – in einem europäischen Park. Mit seiner weithin funkelnden vergoldeten Kuppel samt Apoll und glitzernden, mit Mosaiken verkleideten Säulen ist die halbkreisförmige Orangerie eine quietschbunte Spielerei aus Tausendundeiner Nacht. Neckische Figuren, Delphine und Fische tummeln sich davor in einem großen barocken Bassin mit Wasserspielen, das ovale Parterre wird durch hohe Hecken abgeschirmt. Dahinter erstrecken sich Alleen, Rasenflächen und Wäldchen. Barock und eine Vorahnung des Englischen Landschaftsparks mischen sich auf unkonventionelle Weise. Kleine Gebäude unterschiedlicher Stilarten tauchen überraschend auf; alles soll wechselnde Empfindungen auslösen – genau so wie es später William Chambers fordern wird. »Jeder Weg im Walde führt zu einer Einsiedelei oder sonst etwas Neuem«, beschrieb es Wilhelmine selbst. Ihr 1743 errichtetes Ruinentheater gilt als frü-

Das »Neue Schloss« in Bayreuth, erbaut unter Markgräfin WILHELMINE

hestes steinernes Gartentheater und löste die grünen Hecken-Kulissen ab. Damit war die geistvolle Markgräfin, die ihre luxuriöse Eremitage zu einem Musenhof von Rang etablierte, auch in dieser Hinsicht Vorreiterin. Mitte des 18. Jahrhunderts faszinierten künstliche, antikisierende Ruinen mit ihrer romantisch-morbiden Aura. Sie wurden unverzichtbares Dekor in jedem bedeutenden Park.

Zurück nach England, wo zeitgleich mehrere bemerkenswerte Anlagen im neuen Landschaftsstil von vermögenden Dilettanten geschaffen werden. Stourhead in der Grafschaft Wiltshire ist das bis heute beeindruckendste Beispiel. Der Bankier Henry Hoare zog sich im Alter von 36 Jahren dorthin zurück – nach

Der Park von Stourhead
mit Pantheon

der Horaz-Devise »Glücklich, der fern von den Geschäften lebt!« – und verwandelte die Latifundien seines Vaters ab 1741 in ein gigantisches begehbares Gemälde. Beeinflusst von den idealisierenden Naturlandschaften der Maler Claude Lorrain und Nicolas Poussin entstand ein in sich abgeschlossenes Arkadien. Befrachtet, wenn nicht überfrachtet mit effektvollen Staffage-Bauten, Tempeln und unzähligen Götter-Figuren – ein Park als anspielungsreicher Bildungs-Parcours für die kunstsinnig geschulte Elite. Von einem späteren Besitzer wurde einiges kurzerhand wieder abgerissen. Er schätze »keine mit Gebäuden überfüllte Natur«. Stattdessen ließ er Bäume und Rhododendronbüsche pflanzen, was heute neben Parkomanen auch Dendrologen anlockt. Stourhead, einer der ersten Landschaftsparks eines ambitionierten Amateurs, bildet eine verschlungene Kunstwelt von erstaunlicher Natürlichkeit. Pantheon, Palladio-Brücke und künstlich aufgestauter See, geschlängelte Wege, Grotte und Kaskade fügen sich mit heute majestätischen Bäumen zu einer pittoresken Landschaft von melancholisch-sanfter Schönheit.

Henry Hoare konnte seiner grünen Passion dank eines großen Vermögens nachgehen. Doch was macht ein verarmter Adliger wie Charles Hamilton? Der war ebenfalls entflammt für die Gartenkunst – damals die einzig akzeptable Tätigkeit für einen *English Gentleman* – und legte zwischen 1738 und 1773 in Surrey sein Lebenswerk an: Painshill, die Perfektion eines pittoresken Parks. Das Geld dafür lieh sich der Aristokrat. Und schöpfte dann aus dem Vollen. Es entstand eine naturalistische Landschaft, die sich

Gotischer Tempel und künstliche Ruine im Park von Painshill

hügelig entlang eines Flusses zieht und gespickt ist mit Gebäuden einer exklusiven Weltreise. Nach jeder Wegbiegung eine neue Szenerie, wechselnde Epochen und Stile – alles jedoch versetzt in Erstaunen, Entzücken oder Bewunderung. Malerisch liegt auf einer Anhöhe ein Belvedere im gotischen Stil. Weit hinten thront auf einem Hügel ein strahlendweißes türkisches Zelt, dazwischen kleine Schluchten, unten am Ufer eine romantische, natürlich falsche, Ruine. Vis-à-vis spiegelt sich eine chinesische Brücke im See. Dahinter versteckt sich der tollste Spleen, eine Insel mit künstlicher Grotte. Darin funkelt und glitzert es mit tausenden künstlichen Stalaktiten aus farbigen Quarzen und Kristallen.

Fonthill Abbey, zeitgenössisches Ölgemälde von FRANCIS DANBY

Es ist auch die Epoche der Pflanzenjäger und -sammler, exotische Bäume gelangen nach Europa. Die muss Hamilton unbedingt in Painshill haben. Sein Park wird bald berühmt und wichtige Station jeder *Grand Tour*. Londons High Society preist Painshill, seine Panoramen erscheinen 1773 sogar auf einem Wedgwood-Tafelservice für Zarin Katharina II. Aber mit Ruhm und Ehre kann der Eigentümer keine Rechnungen bezahlen. Seine exzessive grüne Leidenschaft treibt ihn in den Ruin. Noch im gleichen Jahr muss er Painshill verkaufen. Es scheint ihm das Herz gebrochen zu haben, denn es ist auch sein Sterbejahr. Zweihundert Jahre später findet Hamiltons unglückselige Passion ein Happy End. Eine lokale Initiative nimmt sich ab 1981 des vergessenen und völlig verwilderten Parks an und restauriert ihn. Spaziert man heute dadurch – und genießt im dazugehörigen Restaurant den dort wie früher schon angebauten Wein –, ist man schlicht verzaubert von den märchenhaften Visionen des Gründers.

Der freute sich zu Lebzeiten über viele Besucher. Welch ein Kontrast zu seinem Landsmann William Beckford (1760–1844). Der von Melancholie umwölkte Einzelgänger zählte zu den reichsten Männern der Insel. Nach einem Skandal um seine Homosexualität zog sich der Verfasser düsterer Romane auf die Ländereien seines Vaters in Wiltshire, nahe Salisbury, zurück. Dort ließ er seine eigene Welt entstehen, die bizarre Fonthill Abbey, ein Backstein-Konglomerat aus gotischer Kirche, mittelalterlicher Burg und zinnenbewehrtem Kastell. Das skurrile Schloss war eingebettet in einen Landschaftsgarten, der durch ständige Zukäufe schließlich 800 Hektar umfasste. Beckford ließ ihn von drei Meter hohen und zwölf Kilometer langen Mauern gegen den Rest der Welt abschirmen. Exotische, frostunempfindliche Gehölze aus Nordamerika, Rhododendren und Magnolien, Sumpfzypressen und Tulpenbäume wurden gepflanzt und ein künstlicher See angelegt. »Mit immer neuem Entzücken reite ich durch diese Haine, der sanfteste Schleier lag heute über der Landschaft. Sie wirkte wie eine heroische Idylle aus Italien«, schwärmte er. Der Sonderling wollte der Welt abhanden kommen und gefiel sich in seiner *splendid isolation*, die er nur mit wenigen Auserwählten teilte. Doch die Mauer um das geheimnisumwobene Paradies stachelte die Neugier der Nachbarn an.

Fürst Pückler berichtet bei seinem England-Besuch seiner Gattin Lucie daheim in Muskau folgende Anekdote: »Die Neugierde plagte einen benachbarten Lord so sehr, dass er in der Nacht eine Leiter legen ließ und hineinstieg.« Nach seiner Entdeckung und Namensnennung habe ihn Beckford aufs Beste

bewirtet. Bei der Rückkehr seien die Tore jedoch verschlossen geblieben und der vorwitzige Lord habe über die Leiter zurückklettern müssen.

Die Maler John Constable und William Turner hingegen wurden höchstpersönlich eingeladen, um Abtei und Park in Gemälden festzuhalten. Schnell galt Fonthill Abbey als einer der schönsten Parks Englands. Als Beckfords Reichtum schwand, ließ er 1822/23 sein Lebenswerk von heute auf morgen bei Christie's versteigern – im Gegensatz zu Charles Hamilton, ohne dem Ganzen eine Träne nachzuweinen. Das verbotene Paradies konnte nun besucht werden und verfiel. 1825 stürzte der Hauptturm zum dritten Mal ein und begrub einen Teil des Schlosses unter sich, der Rest wurde später abgerissen. Lediglich der kleine Lancaster-Turm samt Kapelle ist vom einstigen Kolossal-Schloss übrig, die Grandeur ist nur noch zu erahnen. Manche Paradiese verflüchtigen sich wieder – wie Fonthill Abbey.

In seiner Schönheit konserviert und fast so authentisch wie zur Entstehungszeit in der ersten Hälfte des 18. Jahrhunderts ist dagegen Studley Royal im nördlichen Yorkshire. Der Besitzer John Aislabie, seines Zeichens Schatzkanzler, war 1720 in eine Finanzaffäre verwickelt und zog sich nach dreijähriger Haft im Londoner Tower auf seine elterlichen Güter zurück. Von da an widmete er sich lebenslang nur noch der Gartenkunst. Sie scheint oft ein Heilmittel gewesen zu sein für seelische Wunden. Aislabie jedenfalls verfeinerte den vom Vater bereits 1674 begonnenen Park zu einem der bis heute extravagantesten Wassergärten Englands. Im Zentrum ruht ein kreisrunder Teich, der »Moon Pond«, in dem sich ein der Antike

gegenüber:
Die berühmten »Moon Ponds« von Studley Royal

nachempfundener Säulen-Pavillon spiegelt; zwei sichelförmige Teiche rahmen die Szenerie. Weitere Becken und Kanäle sind noch ganz dem geometrischen Stil verpflichtet, aber alles fügt sich zu einer Anlage von stiller, magischer Aura. Aislabies Sohn William setzte das Werk seines Vaters fort, kaufte Ländereien entlang des Flusses Skell und als Blickfang die Ruine einer Zisterzienser-Abtei. »Die Naturschönheiten dieses Ortes übertreffen alles, was ich in der Art gesehen habe und wurden mit viel Geschmack vervollkommnet«, schwärmte ein Besucher 1744.

Die originellsten und aufwändigsten Wasserspiele nördlich der Alpen finden sich im kleinen Park von Hellbrunn, einem winzigen Lustschloss wenige Kilometer von Salzburg. Selbst in unserem Hightech-Zeitalter erstaunen und verblüffen die ratternden Miniatur-Wasser-Automaten, die der Erzbischof von Salzburg, Markus Sittikus (1574–1619), bauen ließ. *Giochi d'acqua*, wie sie in Italien und Frankreich

Das Theatrum der Wasserspiele von Hellbrunn

Furore machten, wurden in Hellbrunn mit Grotten, Brunnen und Statuen auf die Spitze der Raffinesse getrieben. Der, weltlichen Genüssen zugetane, Kleriker amüsierte sich köstlich, wenn seine Gäste im Park um den steinernen Fürstentisch saßen und plötzlich nass gespritzt wurden. Eine unkonventionelle Medizin gegen die Melancholie, die als Modekrankheit in ganz Europa grassierte. »Oh schöne Einsamkeit! Nur von Vergnügen bevölkert«, schwärmte der Münchener Hofpoet Domenico Gisberti bei einem Hellbrunn-Besuch im Jahr 1670. Die Erfindung des Lustschlosses – der *Villa suburbana*, wie es die Römer nannten, oder des *Maison de plaisance*, wie es in Frankreich hieß – diente als »Therapie der Zerstreuung«. In Hellbrunn kopierte der Salzburger Bischof lediglich berühmte Vorbilder: Mit den aufwändigen Wasserkünsten im Garten der italienischen Villa d'Este in Tivoli hatte 1550 alles begonnen. Auch hier war der Auftraggeber übrigens ein prunksüchtiger Kardinal, Ippolito II.

Prahlerei und Extravaganz vereinte ein deutscher Regent, der fast alle anderen an Exzentrik übertraf: der bayerische König Ludwig II. Zwar wurde er vor allem mit seinen ins Phantastische übersteigerten Schlössern, heute die größten Touristenattraktionen Deutschlands, unsterblich. Doch der Park des Schlosses Linderhof bei Ettal ist eine bemerkenswerte Etüde dieses mythenumrankten Königs. Welch eine Szene: Rundum das bayerische Berg-Panorama und darin thront auf einem Hügel der sogenannte Maurische Kiosk mit vergoldeter Kuppel und Minaretten, umkränzt von Palmen. Eine weitere Fluchtburg Ludwigs ist das Marokkanisches Haus, ein Exponat der

Pariser Weltausstellung von 1878. Die exotischen Visionen des »Märchenkönigs«, Wirklichkeit geworden in einem weltentrückten Gebirgstal.

Die tollste Marotte ist die Venus-Grotte. Es ist die originalgetreue Nachbildung des Bühnenbildes aus dem 1. Akt von Richard Wagners Oper *Tannhäuser*: Eine künstliche Höhle, bereits 1877 für Lichteffekte elektrifiziert, mit Wellenmaschine und Regenbogenprojektion. Das Wasser des Sees, in dem der König badete oder sich in einem Schwanen-Nachen herumrudern ließ, war stets auf 24 Grad temperiert. Das in den Talsockel gebettete Schloss ist eine Melange aus Neobarock und Neorokoko. Auch der Park ist pure Kopie diverser Stile, aber mit der theatralischen Kulisse der Berge zu einem harmonischen Gesamtkunstwerk verschmolzen. Die anspruchsvollen Wünsche des Regenten, der zwar auf Effekte versessen, gleichzeitig aber sehr naturverbunden war, setzte der königliche Hofgärtner Carl von Effner kongenial um: auf der einen Seite ein an Versailles orientiertes Parterre mit Wasserbecken und hoher Fontäne; italienische Renaissancegärten wiederum sind berühmte Vorbilder für die doppelläufig ansteigende Treppenanlage mit drei Terrassen und der Kaskade aus dreißig Marmor-Wasserstufen, die in einen Neptun-Brunnen mündet. Auch die *giardini segreti,* intime grüne Heckenkabinette mit formalen Blumen-Parterres, Treillagen, kleinen Brunnen und Skulpturen erinnern an italienische Gärten. »Das Ganze ist doch eine bedeutsame Leistung geworden«, urteilte vor rund 90 Jahren die Kunsthistorikerin Gothein, während sie die Anlage auf Herrenchiemsee vernichtend als »ganz verunglückte Kopie«

RICHARD WAGNERS *Tannhäuser* nachempfunden: die Venus-Grotte von Schloss Linderhof

bezeichnete. »Ein ewiges Rätsel will ich bleiben mir und anderen«, hatte der unglückliche König einst geschrieben – im Park von Linderhof kann man dieser Sehnsucht ein wenig nachspüren.

Nicht minder komplex und verschlüsselt ist die zeitgenössische Schöpfung des amerikanischen Architekten Charles Jencks und seiner Frau Maggie im südschottischen Dumfries. Nach Maggies Tod 1995 wurde daraus der »Garden of Cosmic Speculation«. Protagonisten in dem 120 Hektar großen Areal sind, wie in jedem Garten, Wasser, Erde, Steine und Pflanzen. In Verbindung mit eigenwilligen Gestaltungen des Geländes und Kunstwerken hat der postmoderne Architekt Jencks daraus einen metaphysischen Mikro-Kosmos des Universums gemacht. Im Garten,

Der »Garden of Cosmic Speculation«, entworfen von CHARLES JENCKS

der auf den ersten Blick wie eine Barockanlage mit sechs ornamental bepflanzten Quadraten wirkt, thront jeweils im Zentrum die Skulptur einer DNA-Doppel-Helix. Das Pendant dazu ist der »Schneckenhügel«, hier ist die Doppelspirale eine faszinierende grasbewachsene Riesenschnecke, zu deren Füßen sich eine geschwungene Halbinsel legt. Die »Terrasse des Schwarzen Lochs« ist eine raffiniert gekurvte Wiese, die einen fast physisch spürbaren Sog nach innen entwickelt. Kurven und Schwünge durchziehen das gesamte Gelände – Jencks selbst nennt es eine «Wellenlandschaft«. Wellen bestimmen auch die kühn konstruierte »Kaskade des Universums«, bei der aus hohem Bogen Wasser in einen sanft modulierten Teich fließt. Ein Gang durch diesen Park, der viel mehr ist als nur *Land art*, bedeutet intellektuelle Herausforderung und sinnliches, chaotisches, irritierendes Vergnügen. Jencks erkannte auch die Liebe der Engländer zum Garten als Ersatz-Religion: »Statt in die Kirche zu gehen, pflegen sie ihren Garten!« Mit seinem kosmischen Park setzte er eine phantastische Lehrstunde revolutionärer Naturwissenschaften in Landschaft um.

Wie unspektakulär wirkt dagegen ein kleines Fleckchen Erde im südenglischen Dungeness. Ein völlig unattraktiver, windumtoster und sommers glutheißer Ort, direkt neben einem Atomkraftwerk, an der Küste. Nur Kies gibt es hier im Überfluss. Dennoch ist das »Prospect Cottage« ein Mekka für Gartenenthusiasten aus aller Welt. Das schwarze Fischerhaus mit den knallgelben Fensterrahmen erwarb der multitalentierte, rebellische und experimentierfreudige Filmregisseur Derek Jarman 1986. Und schuf darum herum einen Garten quasi aus dem Nichts. In karger Ödnis siedelte er heimische Gewächse wie den Meerkohl an. Die skulpturale Pflanze, eine zähe Überlebenskünstlerin mit tausenden weißen Blüten, feiert seitdem ein fulminantes Comeback auch in feinen Gärten. Hinzu kamen regionale Wildpflanzen, Grasnelken und Skabiosen. Unkraut? Gab es für Jarman nicht, den in jeder Hinsicht unangepassten Avantgardisten. Alles hat seinen Wert. Deshalb veredeln kuriose Fundstücke seinen Garten: Steine, rostige Eisengeräte als Skulpturen und verkohlte Holzbalken vereinen sich zu einem surrealen Gemälde. Jarmans Reich hat weder Rasen noch Zaun, ist eine bizarre, extreme Oase, verstörend und anrührend in ihrer rauen Schönheit. Und ein trotzi-

»Ein Garten war der Wohnsitz unserer Großeltern vor dem Sündenfall. Deshalb ist es nur natürlich, dass er die Seele mit Ruhe und Gelassenheit erfüllt.«

JOSEPH ADDISON

ges Statement des Überlebens. Das Bindeglied zwischen Charles Jencks und Derek Jarman ist die Liebe zum Universum und seinen kosmischen Kräften. Für Jarman war sein Garten auch ein Heilungsversuch des durch das Atomkraftwerk beherrschten Landstrichs. Ihn selbst konnte sein eigenwilliges Eden nicht retten, er starb 1994 im Alter von 52 Jahren.

DEREK JARMANS
»Prospect Cottage«

Die genialen Dilettanten

Manchmal sind es die Quereinsteiger, die unbelastet von Fachwissen Althergebrachtes gegen den Strich bürsten, Regeln brechen und Neues postulieren. So ein »junger Wilder« war der Engländer William Kent (1685–1748), der eine Gartenrevolution einleitete, obwohl oder vielleicht gerade weil er ein Dilettant war. Vom einfachen Kutschenmaler aus kleinsten Verhältnissen zum prominentesten Gartenkünstler Englands in der ersten Hälfte des 18. Jahrhunderts – welch eine Karriere. Bei Lehr- und Wanderjahren in Italien lernte Kent das Handwerkszeug für seine späteren Geniestreiche: die Inszenierung des Geländes, den Einsatz von Perspektive, die Dramaturgie von Licht und Schatten. Kent debütiert mit dem Park von Chiswick nahe London – Landsitz des Palladio-Anhängers Earl of Burlington. Bereits hier zeigt er bravourös, was er später zur Perfektion bringt: geschlängelte Wasserläufe, gewundene Wege, modellierte Hügel, lockere Baumgruppen, symbolbeladene antike Statuen und Gebäude. Die anmutigste Szenerie ist ein von Terrassen gefasster kreisrunder Teich, aus dessen Zentrum ein Obelisk ragt, am Rande spiegelt sich ein Tempel im Wasser. Der einflussreiche Garten-Theoretiker Alexander Pope schwärmt 1728: »Chiswick ist das Schönste, was von dieser glorreichen Sonne jemals beschienen wurde.«

Popes These »Alles Gärtnern ist Landschaftsmalerei« wird von Kent, der auch berühmte Gemälde kopiert, brillant umgesetzt. Im legendären Park von Stowe tilgt er alle Spuren des formalen französischen Gartens und holzt dafür auch komplette Alleen ab. »Die Natur verabscheut die Gerade«, lautet sein Manifest. Die Serpentine, die »ondulierte Schönheitslinie«, wird Kents wichtigstes Stilmittel. Seine Meisterleistung ist Rousham, das 1742 vollendete Spätwerk, verwunschen und seitdem fast unverändert. Geschlängelte Pfade führen durch ein hügeliges Gelände, das hinter jeder Wegbiegung neue pittoreske Szenerien freigibt. »Kentissimo!«, jubelte Horace Walpole, begeisterter Anhänger der Gartenrevolution, der Kents wahre Großtat erkannte. »Er sprang über den Zaun und sah, dass die ganze Natur ein einziger Garten war«, so Walpole. Zwar gilt der königliche Hofgärtner Charles Bridgemann als der Erfinder des »Aha«- oder »Haha«-Effekts, jenes Grabens anstatt einer Mauer, den man überrascht entdeckt, wenn man davor steht. Doch erst Kent machte das »Aha« populär. So entstand die Illusion grenzenloser Weite, bei der Park und umgebende Landschaft verschmolzen. Zwar wurde über den von Englands Adel begehrten wie gefeierten Kent gemunkelt, er habe nicht die geringste Ahnung von Botanik und Pflanzen. Aber er besaß jene untrügliche Intuition dafür, Landschaft in ein idyllisches Theaterstück zu verwandeln, mit dem Spaziergänger als Hauptdarsteller.

WILLIAM VON KENT, Ölgemälde von WILLIAM AIKMAN, um 1723

Die Kunde von den revolutionären Landschaftsparks in England, befeuert durch Jean-Jacques Rousseaus Schlachtruf »Zurück zur Natur«, entflammte

gegenüber:
KENTS Meisterstück, der Park von Rousham

LEOPOLD III. VON ANHALT-DESSAU, Ölgemälde von JOHANN HEINRICH CHRISTOPH FRANKE, um 1775

auch zwei Adlige auf deutschem Boden: Fürst Leopold III. Friedrich Franz von Anhalt-Dessau (1740–1817) und Hermann Fürst von Pückler-Muskau (1785–1871), beide gleichsam Anglo- wie Parkomanen. Ein Glücksfall, dem Deutschland zwei seiner berühmtesten Parks verdankt, die heute UNESCO-Welterbe sind. Wörlitz ist weit mehr als die banale Kopie englischer Vorbilder, obwohl ein Engländer bei einem Besuch 1813 ausgerufen haben soll: »Goddamned, ich bin in England!« Denn der anhaltinische Fürst, von seinen Untertanen kurz »Väterchen Franz« genannt, schuf ein ganz originäres Gartenreich. Wörlitz ist, wie viele englische Parks, eine Anhäufung von Zitaten humanistischer Bildung und wie das fast zeitgleich entstandene Kew Gardens ein Vorläufer heutiger Themenparks. Man entdeckt, zu Fuß oder gemächlich in einer Gondel gleitend, Europas Attraktionen, versammelt auf 112 Hektar: antike Tempel, eine Pantheon-Kopie, ein gotisches Haus, das auf der Rückseite mit der Fassade einer venezianischen Kirche verblüfft. Auf der künstlichen Insel »Stein« lässt der Fürst als spleenigste Reise-Erin-

»Ausbruch« von Europas einzigem künstlichen Vulkan im Park von Wörlitz

nerung einen Miniatur-Vesuv bauen – Neapel im Norden. Simulierte Eruptionen erheitern noch im 21. Jahrhundert die Park-Besucher.

Schon bald nach der Vollendung 1790 war Wörlitz, der erste bemerkenswerte Englische Landschaftspark auf deutschem Boden, eine Attraktion und weit mehr als ein idyllischer Park. Er war Instrument der Aufklärung, eine »moralische Lehranstalt« unter freiem Himmel, erstmals gratis für alle 40.000 Untertanen und gespickt mit geistreichen Ratschlägen: »Wanderer, wähle Deinen Weg mit Vernunft!« Goethe erschien Wörlitz »wie ein Märchen elysischer Felder«. Zweihundert Jahre später lieferte der Dichter und autodidaktische Gartenkünstler Ian Hamilton Finlay (1925–2006) mit seinem Park »Little Sparta« im schottischen Stonypath das postmoderne Pendant zu Wörlitz: ein Gartenreich mit verrätselten literarischen und philosophischen Codes, die nur eine elitäre Schicht entschlüsseln kann. Hier wird der Besucher mit einer trügerischen Idylle konfrontiert – mit irritierenden Einsprengseln wie Resten von Flugzeugträgern. Finlay schloss damit den Kreis zu William Chambers, für den die Natur Erhabenes und Schreckliches gleichermaßen bedeutete.

Erschreckendes findet sich in den Parks von Muskau und Branitz nicht, auch nur wenige Gebäude, denn ihr Gestalter fand all die gotischen und Schweizer Häuser, antiken Tempel und falschen Ruinen »läppisch«. Nur eine Extravaganz gestattete er sich, eine begrünte Erdpyramide inmitten eines Teiches. In diesem Tumulus ließ sich Hermann Fürst von Pückler-Muskau (1785–1871) gemeinsam mit Gattin Lucie bestatten. Er war der König aller Exzen-

FÜRST PÜCKLER, Zeichnung von RAINER EHRT, 2005

Seepyramide im Schlosspark von Branitz bei Cottbus, Grabstätte von FÜRST HERMANN VON PÜCKLER-MUSKAU und seiner Frau Lucie

»Die Realität ist nichts, der Traum ist alles.«

FÜRST HERMANN VON PÜCKLER-MUSKAU

triker und übertraf dabei sogar die Engländer um Meilen. Ein Tausendsassa, notorischer Frauenheld, erfolgreicher Schriftsteller, rastloser Reisender, ein »preußischer Taugenichts als Weltbürger«, so sein Biograph Heinz Ohff. Pücklers bewegtes Leben wäre einer Hollywood-Verfilmung würdig. Die Kulissen sind schon vorhanden. Sein erster Park in Muskau, heute zu zwei Dritteln auf polnischem Gebiet, war nichts weniger als ein gigantomanisches Universal-Projekt. Dreißig Jahre ließ der »grüne Fürst« daran arbeiten. Leidenschaftlich, besessen, fast zwanghaft vollendete er den 600 Hektar großen Park im Neissetal zu einem Kunstwerk – und war komplett ruiniert.

Kurzerhand wurde Muskau verkauft und der Fürst zog auf seinen Stammsitz Branitz. Als Sechzigjähriger begann er 1845 noch einmal ganz von vorne. Plattestes brandenburgisches Land, viel Sand und kein Hügelchen – welch eine Herausforderung für den »Erdbändiger«, wie ihn seine Freundin Rahel Varnhagen nannte. »Es ist meine Bestimmung, Oasen in Sandwüsten anzulegen«, bekannte er nicht ohne Koketterie. Branitz ist die verfeinerte Quintessenz von Muskau, kleiner, eleganter und romantischer, ein genialer Coup. Damit erfüllte Pückler seinen eigenen Anspruch in absoluter Perfektion: »Der höchste Stand landschaftlicher Gartenkunst ist nur da erreicht, wo sie wieder freie Natur, jedoch in ihrer edelsten Form, zu sein scheint.« Dafür schufteten 200 Arbeiter mehrere Jahre, huben 100.000 Kubikmeter Erde aus, modellierten künstliche Hügel, pflanzten eine Million Bäume, darunter komplette ausgewachsene Alleen, die mit Spezialtransportern umgepflanzt werden mussten. Die Schönheit seiner zwei

Parks brachte Pückler weitere Aufträge ein. Der preußische Kronprinz und spätere Kaiser Wilhelm I. übertrug ihm die Umgestaltung des Parks von Schloss Babelsberg in Potsdam. Ein großer Triumph für den aristokratischen Dilettanten, war doch daran zuvor Peter Joseph Lenné gescheitert, Pücklers größter Rivale und vor allem – ein professioneller Gartenkünstler.

Auch heute gibt es noch Adlige, die der Garten-Leidenschaft verfallen sind. Gilles de Brissac beispielsweise kam derart begeistert von einer England-Reise zurück, dass er ab 1970 seine fünf Hektar Land an der Loire in einen Hain der Harmonie ummodelte. Apremont-sur-Allier vereint mit einem orientalischen Pavillon, einer asiatischen Pagode und einem antiken Belvedere den japanischen mit dem Englischen Landschaftsgarten. Die Franzosen nennen ihn den »Tausendundeine-Nacht-Garten«. Das überzeugendste Beispiel aber ist Highgrove, der Landsitz des Prince of Wales. Der einst als spleeniger Pflanzen-Flüsterer verspottete Prinz ist längst zum ernsthaften Garten-Profi geworden. Seine Liebe zu Natur und Pflanzen ist authentisch, sein botanisches Wissen immens, sein Geschmack exquisit. Highgrove ist einer der Privatgärten, der zum Ende des 20. Jahrhunderts die größte Aufmerksamkeit auf sich zog.

In der ersten Hälfte war das Sissinghurst (Kent), angelegt von einer Schriftstellerin, einem Mitglied des Hochadels, Vita Sackville-West (1892–1962). Dabei muss gerechterweise auch ihr Ehemann Harold Nicolson erwähnt werden, der meist unterschlagen wird, obwohl er ebenbürtigen Anteil hat an dem bis

»Ein Garten ist eine Erweiterung unserer selbst, und so muss es etwas sein, um das wir uns auf immer neue Art bemühen müssen.«
ARTHUR MILLER

HAROLD NICOLSON und VITA SACKVILLE-WEST, photographiert von CECIL BEATON

heute ungebrochenen Reiz von Sissinghurst. Es ist das harmonische Gesamtkunstwerk zweier in Temperament und schöpferischer Kraft völlig gegensätzlicher Persönlichkeiten. Harold ist Pedant und Realist, sein apollinisches Ordnungsbedürfnis ergänzt sich mit dem dionysischen Überschwang seiner Frau. Vitas Credo: »Ich glaube an die Übertreibung, große Gruppen, gewaltige Formen.« Ihre Opulenz wird gezähmt durch die geometrische Matrix von Harold – Mauern und streng formale Eibenhecken, die sich zu intimen Räumen bilden, den berühmten »grünen Zimmern«. Harold klagt: »Ich versuche sie davon zu überzeugen, dass Planung zum Gärtnern dazugehört. Das ist die Tragödie der romantischen Veranlagung!« Vita lässt sich überzeugen: »Zum Glück hatte ich den idealen Mitstreiter geheiratet, ein Genie für die Schaffung von Blickpunkten oder Fernsichten, ein Talent, das mir völlig abgeht.« Harold lobte 1937: »Das Geheimnis Deiner Gärtnerei besteht ganz einfach darin, dass Du den Mut hast, hässliche oder wenig erfolgreiche Blumen wegzutun.« Bis auf die »grässlichen knallroten Kniphofien« sei alles »schön, schön, schön!«. Allerdings wäre er überaus glücklich, wenn er nie mehr Buddleias sehen müsse. Vita lässt sie entfernen. Ihre verschwenderische Ader bleibt: »Lasst uns pflanzen und fröhlich sein, im nächsten Herbst sind wir vielleicht schon ruiniert!«, notiert sie 1939 und kauft für 20 Pfund Pflanzen.

Kaum ein anderer Garten Englands wurde im 20. Jahrhundert so zur Legende wie Sissinghurst, kaum ein anderer wurde und wird bis heute derart oft kopiert. Obwohl es zahlreiche talentierte Amateure gab, die bezaubernde Gärten wie Tintinhull oder Hidcote schufen, bleibt Sissinghurst mit seiner kunstvoll-natürlichen Eleganz ein gestalterisches Glanzstück, das von 1930 an aus dem sumpfigen Nichts gestampft wurde. Absolut geschmackssicher fügte die Schriftstellerin als Anfängerin Pflanzen und Farben zu Tableaux von umwerfender Ästhetik. Die Krönung ist der »weiße Garten«. Im Dezember 1940, mitten im Krieg, beschrieb Vita ihre Vision einer monochromen Gegenwelt: »Nur weiße Blumen mit ein paar Einsprengseln

Lilie

Leuchtende Lilien, wie soll im Vers und wie soll im Liede
Würdig euch preisen die dürftige Kunst meiner nüchternen Muse?
Euer schimmerndes Weiß ist Widerschein schneeigen Glanzes,
Holder Geruch der Blüte gemahnt an die Wälder von Saba.
Nicht übertrifft an Weiße der parische Marmor die Lilien,
Nicht an Düften die Narde. Und wenn die tückische Schlange
Listiger Art gesammeltes Gift aus verderblichem Munde
Spritzt und grausamen Tod durch kaum erkennbare Wunde
Sendet ins innerste Herz, dann zerreibe Lilien im Mörser,
Trinke den Saft, dies erweist sich als nützlich, mit schwerem Falerner.
Oder bei Quetschungen lege man sie auf die bläuliche Stelle,
Alsbald wird man auch hier zu erkennen vermögen die Kräfte,
Die diesem heilenden Stoffe gegeben sind, Wunder bewirkend.
Schließlich ist Liliensaft auch gut bei Verrenkung der Glieder.
STRABO

Der »weiße Garten« von Sissinghurst

von sehr blassem Rosa.« Der weiße Rausch aus Rosen, Clematis, Lavendel, Lilien, Primeln, Anemonen, Gladiolen und Kallas wird von Buchs-Hecken gebändigt und veredelt durch grüne und silbrig schimmernde Blattschmuck-Pflanzen. Die Romantikerin wusste um die Wirkungsmacht weißer Blüten, die der Mond in einen milchigen Schein taucht. Der »weiße Garten« soll obendrein Hommage an eine Liebesaffäre sein. Leidenschaftliche Liaisons begleiteten die exzentrische Landlady ihr gesamtes Leben, jene mit der Schriftstellerin Virginia Woolf war die skandalträchtigste. Die meisten endeten fatal, schmerzlich. Vitas Medizin: gärtnern. Die preisgekrönte Autorin kompensiert die Kämpfe auf dem Schlachtfeld der Liebe mit dem Krieg gegen Schnecken und andere Tücken der Natur. Durch ihre tiefe Verbundenheit mit der Schöpfung wird sie zu einer leidenschaftlichen Praktikerin – *learning by doing*. Trotz dreier Gärtner gräbt, pflanzt und jätet die Literatin bis zum Umfallen selbst. In *The Land* feiert sie die Schönheit ländlicher Natur.

Und Sissinghurst entwickelt sich ab 1940, ein Jahr nach der Öffnung für jedermann, zur Sensation, Besucher stehen Schlange. Wöchentliche Garten-Kolumnen im *Observer* und Radio-Sendungen sind große Erfolge. Doch die sonst so snobistische Lady hat Komplexe: Garten-Experten verkleinern sie bösartig zur »hobbygärtnernden Literatin«. Also belegt die berühmteste Gärtnerin des Landes Fernkurse für Gartenbau, geht anstatt zu Einladungen in den Buckingham-Palast lieber in den Garten. Die Anerkennung ist 1954 eine Medaille der Royal Horticultural Society. Victoria Mary Sackville-West, die eine renommierte Schriftstellerin werden wollte, erreicht durch ihren einzigen Garten mehr Popularität als mit all ihren Büchern. Er schenkt ihr Ruhe, Zufriedenheit und vielleicht auch Glück.

Die »sanfte Rebellin«
GERTRUDE JEKYLL

So ungerecht kann das Leben sein. Die Sackville-West wurde mit nur einem Garten quasi unsterblich. Und Gertrude Jekyll? Die Engländerin war eine begnadete Gärtnerin und hat mehr als 200 grüne Kunststücke hinterlassen. Aber sie entstammte weder dem Hochadel noch war sie attraktiv, glamourös oder skandalös. Vielleicht ist sie deshalb bis heute eher Eingeweihten ein Begriff. Doch wer je einen ihrer Gärten erlebt hat, am besten das originalgetreu restaurierte Hestercombe in Somerset, ist wie vom

Donner gerührt. Man begreift, warum sie zur »Königin der Staudenrabatte« wurde. Ihre Beete sind üppige Sinfonien aus Formen und subtilen Farb-Abstufungen, das Ganze raffiniert gestaffelt. Jekyll hatte Malerei studiert, eine Augenkrankheit aber verhinderte diese Karriere. So wandelte sich für die über Vierzigjährige das Hobby Gärtnern zur Berufung. Die Bekanntschaft mit dem jungen Architekten Edwin Lutyens beflügelte die Karriere. Ein Haus von Lutyens und ein Garten von Jekyll galten zu Beginn des 20. Jahrhunderts als Statussymbol der britischen Upper Class. Lutyens begründete eine neue Landhauskultur, die Haus und Garten als Einheit sah, Jekyll entwarf die Bepflanzungen.

Ihr eigenes Anwesen, Munstead Wood in der Grafschaft Surrey – heute in Privat-Besitz und nur an wenigen Sommer-Tagen zu besichtigen –, führt Jekylls Auffassung von Gartenkunst wieder originalgetreu vor Augen. Das Lutyens-Landhaus ist von einem in mehrere »Räume« unterteilten Garten umgeben. Darin besticht die berühmte, sechzig Meter lange Rabatte – von Juni bis Oktober ein wogendes Blütenmeer. Die ambitionierte Amateurin, die schnell zur professionellen Gartenkünstlerin reift, gilt als die Erfinderin der *Mixed Border*, der bis heute bewunderten englischen Staudenrabatte: wild wuchernde, dichte Bepflanzung, hinter der aber exaktes und minutiöses Wissen um Höhen, Blühzeiten, Strukturen und Texturen der Pflanzen steht. Während noch das viktorianische Teppichbeet aus knallbunten einjährigen Blumen Mode ist, kombiniert Jekyll unkonventionell ein- und zweijährige Pflanzen, winterharte mehrjährige Stauden, Gehölze, einheimische und

gegenüber:
Munstead Wood, Gemälde von HELEN ALLINGHAM, um 1900

exotische Gewächse. Kein bisschen Erde ist in diesen dicht verwobenen, pointillistischen Puzzles zu sehen. Jekyll besitzt ein untrügliches Gespür für die Fernwirkung von Farben, wachsendes Gras ist nicht grün, sondern »schlüsselblumengelb«. Die Schönheit eines Gartens sei nicht von seiner Größe abhängig, und selbst der hässlichste Fleck lasse sich durch »geeignete Vegetation« anmutiger machen, das ist Jekylls Credo. Sie plädiert – gemeinsam mit dem renommierten Gartentheoretiker William Robinson – für informelle, natürlich wirkende Pflanzungen, »wilde« Gärten.

Sie ist die sanfte Rebellin, die zur Vorreiterin einer neuen Ära im englischen Gartenstil wird. Das abgeschiedene Munstead Wood lockt berühmte Experten an, so stattet ihr 1917 die junge Sackville-West einen Besuch ab. »Miss Jekyll ist ziemlich dick und knurrig«, mokiert sie sich über die Besitzerin, der Garten sei nicht im besten Zustand, aber »lovely«. Dennoch dürfte sie nicht nur die sich in Obstbäumen schlängelnden Kletterrosen, sondern auch so manche Farb- und Pflanzkombination als Anregung mitgenommen haben. Gertrude Jekyll schrieb in ihrem letzten Sommer 1932: »Ein Garten gibt das köstliche Gefühl von Ruhe, Erfrischung, reines Vergnügen an der Schönheit.« Die nach ihr benannte Rose blüht in leuchtendem Rot und verströmt zarten Duft. Ihre Namensgeberin hat es verdient, neu entdeckt zu werden.

Eine Berühmtheit ist dagegen ihr malender Zeitgenosse, dessen Garten schon zu seinen Lebzeiten zur Ikone wurde. Eine Invasion von Gartenfans aus aller Welt pilgert zu fast jeder Jahreszeit durch Giver-

ny, dem Garten von Claude Monet im gleichnamigen Örtchen. Der Großstadt Paris überdrüssig, flüchtete Monet 1883 aufs Land. Er entdeckte in dem 290-Seelen-Dorf bei Vernon in der Normandie ein rustikales Bauernhaus mit traditionellem Obst- und Gemüsegarten. Der 43-Jährige hatte endlich ein Zuhause und den *Genius loci* gefunden. Schon bald verwandelt er den Garten zum Sujet für seine Gemälde: Die von Hollandreisen inspirierten Tulpenfelder entstehen,

Le jardin de l'artiste à Giverny, Ölgemälde von CLAUDE MONET, 1900

CLAUDE MONET in seinem Garten, um 1910

lange, rechteckige »Malkastenbeete« wie auf einer Palette. Reine Farben kombiniert er, ebenso unkonventionell wie auf seinen Bildern, in den üppigen Beeten: Tulpen in rot und gelb, pinkfarbene Tulpen in Meeren von himmelblauem Vergissmeinnicht, violette Schwertlilien mit blutrotem Mohn. Schwertlilien in blau, violett, purpur und weiß sind seine Favoriten, er pflanzt sie in verschwenderischer Fülle in langen, schmalen Rabatten, von Blaukissen umrandet. Ein Stück Natur entwickelt sich zur Malvorlage, wird ständig verfeinert und irgendwann selbst zum Kunstwerk. Für die neue Leidenschaft vernachlässigt er anfangs gar das Malen: »Ich habe zu viel im Garten zu tun«, bekennt er fröhlich, »und mein ganzes Geld fließt in meinen Garten!« Freunde treffen ihn hemdsärmelig beim Jäten, die Hände schwarz von Erde. Sein Garten sei sein ganzer Stolz, er überhäufe ihn verschwenderisch wie eine Mätresse, so damals ein Besucher.

Aber die Fülle allein ist nicht das Geheimnis von Giverny. Der Laie Monet kniete sich im wahrsten Sinne in die Erde, las unzählige Fachzeitschriften, tauschte sich mit Experten aus, konsultierte sogar einen japanischen Gärtner. Bald wusste er sehr präzise, was er wie wann pflanzen und was er womit kombinieren musste, um bestimmte Effekte zu erzielen. Der Reiz seines Gartens ist eine rauschhafte, flüchtige Sinnlichkeit, wie man sie auch auf seinen Bildern findet. Und wie beim Malen ist die Maxime für den Garten eine ungezwungene Natürlichkeit. Selbst die schnurgerade Grande Allée ist allseits überwuchert. Die Kapuzinerkresse bildet einen bunten Teppich, über Pergolen ranken Rosen, beidseitig flankiert von einem Meer aus Dahlien und Astern in kräftigem Farbmix. Eine unbändige Orgie von Blüten, »deren farbliche Zusammenstellung spontan und geplant zugleich wirkt«, stellte verblüfft ein Freund Monets fest.

Eher kontemplativ wirkt in Giverny der legendäre Seerosenteich. Wasser, Seerosen, Trauerweiden, Glyzinien-Girlanden über der asiatischen Brücke und der Himmel verschmelzen zu einem Gesamtkunstwerk von träumerisch-melancholischer Unwirklichkeit, alles scheint ineinanderzufließen. Dabei hatte der passionierte Gärtner die Seerosen absichtslos, »aus reinem Vergnügen« gepflanzt. Doch bald erkannte er, »wie wunderbar mein Teich war«. Er bannte ihn auf Leinwand und die Szenerie geriet zur

NICOLE DE VESIAN

Obsession. 1909 wurden 48 Leinwände des Seerosen-Motivs ausgestellt. Der Vergleich zwischen Bildern und Garten ist müßig, aber anregend. Man kann den leidenschaftlichen Monet, der sich vom Dilettanten zum wissenden Liebenden wandelte, posthum nur bewundern.

Für alle hier Porträtierten war die Beschäftigung mit Garten oder Park mehr als eine Marotte oder Statussymbol, keine flüchtige Leidenschaft, sondern lebenslange Liebe. Und selbst wenn nicht alle persönlich in der Erde wühlten, sondern oft als »Erfüllungsgehilfen« ihre professionellen Gärtner hatten: Sie waren die geistigen Urheber, hatten die Vision. Auch heute gelingen zahlreichen Amateuren wundervolle Gärten.

Zum Beispiel Nicole de Vesian, die über siebzigjährig mit Bonnieux in der Provence ein Paradies ohne eine einzige Blume schuf. Stattdessen dominieren Grün und Silber, hiesige Gewächse wie Lavendel, Thymian, Rosmarin und Salbei, die sie ebenso kunstvoll in Form trimmte wie Buchs. Eine Petitesse im Gegensatz zur Opulenz des Parks von Champ de Bataille in der Normandie. Jaques Garcia, prominenter Dekorateur der französischen *Haute Volée*, ließ um ein altes Schloss einen neuen Park im barocken Stil anlegen, mit Kaskaden und Kanälen, Tempeln und Teichen und goldenen Fröschen wie in Vaux-le-Vicomte. Das Ganze ist eine faszinierend größenwahnsinnige, geistreiche und snobistische Hommage an André Le Nôtre, den König des Barockgartens.

Im südenglischen Pashley Manor geht es bescheidener zu. Da bückt sich James Sellick noch selbst,

Das Schloss von Champ de Bataille mit dem 1993 von JACQUES GARCIA geplanten Barockgarten

steckt im Herbst mit seinen Gärtnern 12.000 Blumenzwiebeln in die Erde. Die Frühlingsblüher sind sein ganzer Stolz und kosten ihn schlaflose Nächte: »Sie müssen auf den Punkt blühen, wenn Tausende Besucher uns bestürmen!« Der vom Bankier zum begeisterten Gärtner bekehrte Landlord hat seinen Landschaftspark in dreißig Jahren zur Attraktion gemacht, mit Waldpartien, elegantem *Kitchen Garden*, kleinen Inseln mit Tempeln, stilvollen Blumenrabatten und mittendrin einem romantischen Herrenhaus. »Ich bin kein großer Gärtner, besitze aber ein Gefühl für Formen«, beschwichtigt Sellick gerne.

Mit ebenso viel Noblesse verzaubert in Deutschland der gräfliche Kurpark Bad Driburg in Ostwestfalen-Lippe. Er ist einer der ältesten überhaupt und wurde vor über 220 Jahren angelegt, mit majestätischen Bäumen, Sichtachsen und weiten Panoramen. Ramona Gräfin von Oeynhausen-Sierstorpff konservierte und verfeinerte ihn ab 1950. Mit sicherem Gespür fügte sie dem schon von Hölderlin geschätzten Park neue Anpflanzungen und einen Pavillon hinzu. Die heutige Generation paart Tradition mit Moderne und engagierte den holländischen Gartenkünstler Piet Oudolf für die Anlage einer grandiosen Stauden-Rabatte.

Und wer jemals in Süddeutschland eine Führung mit Freiherr Robert von Süßkind durch seinen barocken Schlosspark Dennenlohe erlebt hat, weiß, was ein wahrer Parkomane ist. Gestikulierend und atemlos neue Projekte erläuternd, wo jetzt noch Sumpf und Ödnis ist, stapft er durch seinen Rhododendronpark, berauscht von dem, was ist und was noch werden wird.

Das Nützliche mit dem Schönen verbinden

Violette Möhren namens »Purple Haze«, die aromatische Erdbeere »Mieze Schindler«, nussige Pastinaken, die zuckersüße Erbse »Alderman« – alles Köstlichkeiten, die es in keinem Supermarkt gibt. Auf einem üblichen Markt wird man vergeblich suchen, im Bio-Laden vielleicht Glück haben. Aber viel besser ist es doch, diese kulinarischen Schätze selbst anzubauen. Ausgerechnet im hoch technisierten 21. Jahrhundert bricht plötzlich unser Bauernblut durch. Wir entdecken nicht nur die Liebe zur Krume, wollen unser kleines Eden mit Blumen und Bäumen schaffen, sondern freuen uns an selbst geerntetem Obst und Gemüse. Und damit befinden wir uns in bester Gesellschaft: Kanzlerin Angela Merkel lässt in ihrem uckermärkischen Datschen-Garten Gemüse, Obst und Kräuter wachsen, bei Modemacher Wolfgang Joop sprießen in seinem preußischen Arkadien in Potsdam Tomaten und Kürbisse; der französische Star-Couturier Hubert de Givenchy zieht auf dem Gelände seines Schlosses Jonchet bei Paris Spargel, Birnen, Tomaten und Kartoffeln. Queen Elizabeth kniet kaum selbst im Beet, schätzt aber seit Jahren Bio-Gemüse aus ihrem Küchengarten auf Schloss Balmoral: Tomaten wie »Queen of Hearts« und die aus Erfurter Saatgut gezogenen würzigen Radies-

N°6. 1855.
VILMORIN ANDRIEUX & Cie
PARIS.

chen »Erfurter Riesenrot«, die sie besonders gerne knabbern soll.

Die neue Garten- und Genuss-Bewegung geht einher mit einer veränderten Ethik des Essens. Immer mehr Menschen haben Gemüse und Obst aus Massenproduktionen satt. Wer ökologisch einwandfrei essen will, achtet auf die gesamte Kette der Nahrungsmittel-Herstellung. Die Devise heißt »saisonal und regional«. Nicht erst seit diversen Lebensmittel-Skandalen versuchen wir, unsere Entfremdung von einem industrialisierten Essen durch Selbst-Anbau zu überbrücken. Neben der kreatürlichen Lust daran, gibt es uns das Gefühl, autonom zu sein und genau das zu ernten, was wir unter Kontrolle haben. Wir bestimmen, mit welchem Dünger unsere Möhren wachsen. Wo Entstehungs- und Verarbeitungsabläufe bei vielen Gemüse- und Obstsorten aus Massenproduktion immer unüberschaubarer und unkontrollierbarer erscheinen, wissen wir bei den eigenen Erdbeeren, wodurch sie so schmackhaft wurden. Das Prädikat »selbstangebaut« ist ein Gütesiegel, Ritterschlag und Referenz für eine Lebenshaltung. Mehr als mit jedem extravaganten Catering beeindrucken heute Gastgeber, die ihre eigens gepflanzten Genüsse kredenzen.

Mit der neuen Leidenschaft am »Beeten« gelangt sogar der Schrebergarten wieder zu neuen Ehren – dieses Symbol für Spießigkeit schlechthin. Früher bot er Bewohnern muffiger Mietskasernen die Chance für gesunde Luft und frisches Gemüse. Später stand er für Gartenzwerge, militärisch gedrillte Salat- und Möhrenreihen, gestutzte Hecken und akkuraten Rasen – Wildwiese strengstens verboten!

gegenüber:
Botanik-Schautafel aus dem *Album Vilmorin*, Farblithographie von ELISA CHAMPIN, 1856

Jetzt feiert das *Paradies mit Laube*, so der Titel eines Buches von Stefan Leppert, eine Renaissance. Die einst verpönte Parzelle der Biedermänner ist nun Objekt der Begierde für junge gebildete Paare und Familien, die sich kein Eigenheim leisten können, und Großstädter, die ihre Sehnsucht nach Natur und Selbstgezogenem in der Metropole befriedigen möchten. Man ist auch mit einer kleinen »Laube« zufrieden, wie der Name einer Potsdamer Kleingarten-Anlage selbstironisch bezeugt: »Uns genügt's«.

Die Lust, sein eigener Bauer zu sein, geht quer durch Europa. Überall sprießen die Küchengärten – in Frankreich *potagers,* in England *kitchen gardens* genannt. Frankreichs historisches Vorbild und berühmtester Küchengarten des Barock ist der *Potager du roi* in Versailles. Früher verköstigte der königliche Hofgärtner Jean de la Quintinye daraus den Hof des »Sonnenkönigs«, heute kaufen dort Pariser Sterneköche Spezialitäten für ihre *Haute Cuisine*. Anregend für Gärtner mit hohem Anspruch ist auch das 1906 rekonstruierte Renaissance-Imitat von Villandry (Loire). In einem Patchwork von schachbrettförmigen Beeten werden Gemüse wie Kohl und Kopfsalat als Preziosen präsentiert, gerahmt von Maßliebchen und Goldlack. In England erfährt *home growing* ein Revival und ist ein *must* für jeden Gärtner, der auf sich hält. Im Magazin *The English Garden* empfehlen Experten Raritäten wie die Gurke »Crystal Lemon« oder »Red Rubin«-Sprossen mit dem stolzen Hinweis: »Nicht im Laden käuflich!« Urbanes Gärtnern ist ein sinnlich-lustvoller Trend geworden, auf Dachgärten von Berlin bis New York sprießen Spinat, Stangenbohnen und Johannisbeeren. Die Kataloge der Saatgutfirmen strotzen vor ständig neuen Züchtungen wie der braunfäuleresistenten Tomate »Losetto« für Hängekörbe auf dem Balkon. Ein englischer Anbieter hat allein elf verschiedene Auberginen-Varianten im Angebot. Für die wachsende Zahl von Bio-Anhängern ist das 1981 erschienene Buch *Der Biogarten* der 2010 verstorbenen Gärtnerin Marie-Luise Kreuter die »grüne Bibel«. Jüngere Grünfinger bevorzugen *Genial Gärtnern* des prominenten Briten Monty Don. Der zeigt richtiges Kompostieren, Säen und Ernten in einer eigenen TV-Serie der BBC.

Auch ein elitäres Versandhaus (»Es gibt sie noch, die guten Dinge«) zollte mit der Neuauflage eines Ratgebers aus dem 19. Jahrhundert dem Zeitgeist Tribut: *Der Küchen- und Blumengarten für Hausfrauen* von Henriette Davidis. Zwar ist die Sprache altmodisch, manches klingt verzopft und überholt, dennoch lernt der Einsteiger viele praktische, bis heute gültige Garten-Regeln. Und er entdeckt zahlreiche vergessene, äußerst schmackhafte Gemüse. Alte Sorten erleben eine grandiose Wiedergeburt. Nach dem Zweiten Weltkrieg in Zeiten des Wirtschaftswunders wurden Erbsen, Bohnen, Rüben und der stets als Symbol der Armut verachtete Kohl als Arme-Leute-Essen geschmäht. Heute wachsen sie als geschätztes Gourmet-Gemüse in den Beeten einer neuen Genuss-Generation. Diese Bewegung ist eine Mischung aus urbaner Subkultur, den sogenannten LOHAS

Dünger:

Menschliche Exkremente – diese gewähren eines der wirksamsten Düngmittel. Das Ekelhafte derselben, dessen man sich nicht erwehren kann, wird durch Mischung mit anderen Düngstoffen einigermaßen entfernt, weshalb es anzuraten ist, solche hauptsächlich zu nachstehend bemerktem Misch- oder Kompostdünger zu verwenden.

HENRIETTE DAVIDIS,
Der Küchen- und Blumengarten für Hausfrauen, 1850

Sellerie

Zwar ist in unseren Gärten die Sellerie billig geworden,
Und es meinten wohl viele, sie tauge höchstens zur Speise.
Dennoch bietet aus eigener Kraft sie zahlreiche Mittel
Wirksamer Hilfe. Denn wenn ihre Samen zerrieben du einnimmst,
Soll, wie man sagt, dies die quälenden Leiden der Blase beheben.
Ißt man jedoch sie selbst mit dem zarten Trieb, so verdaut sie
Reste von Speisen, die noch im Innern des Magens rumoren.
Wenn den Tyrannen des Körpers würgender Brechreiz belästigt,
Trinke man Sellerie gleich mit herbem Essig und Wasser,
Dann wird, vom sicheren Mittel besiegt, die Übelkeit weichen.

STRABO

Der Garten von Villandry, Loire

(Lifestyle of Health and Sustainability) und Menschen, die Genuss und Gesundheit auf einen Nenner bringen wollen und das möglichst ökologisch und nachhaltig. Getreu dem Motto von Ludwig Feuerbach: »Der Mensch ist, was er isst.«

Statt Molekular-Küche, spanischen Früh-Erdbeeren und Flug-Mangos sind nun selbstgezogene Himbeeren und Tomaten Avantgarde. Spinat, Stielmus und Mangold, bei unseren Großeltern früher täglich auf dem Speisezettel, sind ebenso begehrt wie Topinambur. Das Wurzelgemüse war bis ins 18. Jahrhundert ein deutsches Grundnahrungsmittel. Connaisseure unter den Garten-Köchen hegen das spinatartige Wildgemüse »Guter Heinrich« und pflanzen Teltower Rübchen, immer noch eine rare Delikatesse, die schon Geheimrat Goethe schätzte; heute haben Sterneköche sie auf ihrer Karte. Oder die Kardone: Die Stängel der Gemüse-Artischocke, wie sie auch genannt wird, ergeben, richtig zubereitet, eine schmackhafte Beilage. Längst beziehen Gourmet-Köche ihre Zutaten aus eigenen Kräuter- und Gemüsegärten. Der Berliner Sternekoch Michael Hoffmann erntet für ein achtgängiges Menü seiner hochgelobten »Gemüseküche« über fünfzig Produkte aus seinen Beeten im Umland. Auch historische Obstsorten werden auf Streuobstwiesen wieder angebaut, ein Statement gegen die vereinheitlichenden EU-Regelungen und für die Vielfalt alter Früchte. Welch ein Verlust wäre es, wenn die feinwürzige Tafelbirne »Herzogin Elsa« und der aromatische Apfel »Kaiser Wilhelm« eines Tages verschwunden wären.

Saure Äpfel, aus dem *Hausbuch der Cerruti*, 14. Jahrhundert

Überzeugte Gärtnerinnen: HILDEGARD VON BINGEN und MICHELLE OBAMA

Auch Amerikas First Lady trug zu dem neuen Trend bei. Als Michelle Obama medienwirksam zum Spaten griff und einen Teil des sakrosankten Rasens vor dem Weißen Haus umgrub, um einen Gemüsegarten anzulegen, machte sie damit den guten alten Nutzgarten endgültig salonfähig. Welch ein Kreislauf: Schließlich war der eingezäunte Anbau von Nutzpflanzen der Beginn allen Gärtnerns. Über Jahrtausende pflanzten Menschen Gemüse und Obst an. Die armen Leute sicherten damit, auf eigener oder gepachteter Scholle, ihre überlebensnotwendige Selbstversorgung. In den Klostergärten des Mittelalters wurden dann Nutzpflanzen und Heilkräuter kultiviert. Für die Benediktiner-Äbtissin Hildegard von Bingen (1098–1179) förderten Heilpflanzen das »Gleichgewicht der Seele«. Die Mystikerin betrachtete die Einheit des Kosmos als eine große »Symphonia« – vielleicht war sie die erste ganzheitlich denkende Umweltaktivistin. Sie hatte Zugang zu den damals wichtigsten naturkundlichen Werken, dem *Hortulus*

Die First Lady legt gemeinsam mit Kindern einen Gemüsegarten an – auf dem Rasen des Weißen Hauses

des Abtes Walahfrid Strabo und dem berühmten Heilpflanzen-Buch *Macer floridus*. Ihre naturkundlichen Schriften und ein Verzeichnis von 280 Pflanzen, die heilende Wirkung besaßen – darunter der Kerbel – sind längst wieder populär. Heute pflanzen und ernten wir nicht aus wirtschaftlicher Not, sondern weil Gärtnern, Essen und Kochen einen höheren Stellenwert bekommen haben.

Die erste Selbstanbau-Welle begann bereits Anfang der 1970er-Jahre. Da fasste der Engländer John Seymour seine zwanzigjährigen leid- wie lustvollen Erfahrungen als Amateur-Selbstversorger in dem Buch *Das große Leben auf dem Lande* zusammen. Es wurde ein Bestseller. Recycling und Nachhaltigkeit, Werte, die heute inflationär beschworen werden, versuchte er bereits damals umzusetzen. Kurz vor Seymours Tod 2004 wurde das Buch erneut aufgelegt. Der Untertitel trifft den Nagel auf den Kopf: »Ein praktisches Handbuch für Realisten und Träumer«. Vor allem Städter träumen von einem harmonischen

Landleben, verklären es nostalgisch. Die Realität der Bauern hingegen ist längst nicht so romantisch, wie es in Magazinen über die neue Lust am Land vorgegaukelt wird.

Doch wir müssen nicht alle Bauern werden, um unsere Sehnsucht nach eigener Ernte und eigenem In-der-Erde-Wühlen zu stillen. Es reichen ein paar Beete mit Salaten, Kohl, Tomaten und Kräutern. Dabei machen wir Bekanntschaft mit völlig unbekannten Dingen wie Geschwadern von Ungeziefern und Parasiten, Mehltau, Krätze, Kraut- und Braunfäule, lernen, dass Pikieren keine spezielle Art der Nagelpflege ist und brauen Brühen aus Brennessel und Ackerschachtelhalm. Wir erfahren, demütig zu werden. Schon bei der ersten Ernte – und sei sie noch so mickrig – ist alle Mühsal vergessen. Die eine freut sich über zwei Kilo selbstgezogene »Linda«-Knollen und lädt Freunde zu diesem Festessen ein, der andere ist stolz auf die eigenen süßen, ungespritzten Himbeeren ohne Maden. Meine ersten Balkon-Tomaten waren sicher die teuersten meines Lebens. Allein die Unmengen von Wasser in jenem heißen Sommer, Dünger, Schutznetze, Stützstangen – aber sie schmeckten köstlich.

Was aber machen Großstädter ohne Garten, die nicht geeignet sind für die Schrebergärtner-Gemeinschaft? Auch gemieteter Besitz verpflichtet und verlangt ständige Pflege und viel Zeit. Eine desillusionierte Berliner Freundin kapitulierte bald in ihrem vermeintlichen Laubenpieper-Paradies: »Die Regeln waren sehr streng, ständig gab es Diskussionen darüber, was Unkraut ist, und oft begrüßte mich die benachbarte Rentnerin mit einem süffisanten: ›Na,

Le roi des Potirons, der König der Kürbisse, Lithographie von HONORÉ DAUMIER aus der Serie *Croquis d'Automn*, 1865

kommst Du auch mal wieder?‹.« Eine Alternative sind Miet-Gärten. Man ist auf gemieteter Scholle Bauer für eine Saison und lässt andere für sich ackern. »Wir beeten für Sie« heißt der Verein in Brandenburg, der die Zeichen der Zeit erkannt hat. Dort geben Städter ihre Mietbeete in Profi-Hände. »Viele halten eine regelmäßige Pflege nicht durch, sie haben zu wenig Zeit und Geduld«, ist die Erfahrung der Organisatoren. Und welcher Anfänger weiß schon, dass es »gute und schlechte Nachbarn« im Beet gibt, man niemals Fenchel neben Tomaten pflanzen darf, diese aber mit Sellerie harmonieren. Eine ähnliche Idee verfolgt »Meine Ernte«, ein Netzwerk in zwölf deutschen Großstädten. In Kooperation mit Bauern werden Ackerzipfel als temporäre Mietgärten angeboten. Zwanzig Gemüsesorten und Blumen sind vorgepflanzt, kümmern muss sich der Mieter, Wasser, Gartengeräte und praktische Tipps gibt es gratis vor Ort.

Ob Schreber-, Stadt- oder Schlossgarten, der Gemüsegarten basiert auf uralten tradierten Mustern: in Kreuzform angelegte Beete mit schmalen Wegen, oft ist in der Mitte ein Rondell mit Brunnen. Schon in den Klostergärten wuchsen Blumen als Zierde zwischen Gemüsebeeten oder umkränzten sie. Auch wenn Nutz- und Ziergarten früher getrennt waren, wurden stets beide kunstvoll angelegt. Ein Gang durch alte Küchengärten – nicht nur in England oder Frankreich – zeigt die Allianz von Schönheit und Nutzen. In alter Pracht glänzen der originalgetreu hergestellte Prinz-Georg-Garten in Darmstadt und der Küchengarten im Park von Schloss Benrath (Düsseldorf). Dieser wurde 1760 vom berühmten

Gartenkünstler Nicolas de Pigage angelegt, der auch den Schwetzinger Schlosspark schuf. Oft sind die Nutzgärten von hohen Backsteinmauern umschlossen, die vor kalten Winden schützen und ein günstiges Mikro-Klima schaffen.

Fenchel

Auch die Ehre des Fenchels sei hier nicht verschwiegen; er hebt sich
Kräftig im Spross, und er strecket zur Seite die Arme der Zweige,
Ziemlich süß von Geschmack und süßen Geruches desgleichen.
Nützen soll er den Augen, wenn Schatten sie trügend befallen,
Und sein Same mit Milch einer Mutterziege getrunken,
Lockre, so sagt man, die Blähung des Magens und fördere lösend
Alsbald den zaudernden Gang der lange verstopften Verdauung.
Ferner vertreibt die Wurzel des Fenchels, vermischt mit dem Weine,
Trank des Lenaeus, und so genossen, den keuchenden Husten.

STRABO

»Das Nützliche mit dem Schönen verbinden«, so formulierte es bereits der passionierte Hobby-Gärtner Goethe und säumte seinen Weg durch den Garten im Ilmpark mit strammen Stockmalven, zu deren Füßen er Erdbeeren als Bordüre setzte. Die klassische Trennung zwischen Gemüse- und Ziergarten verschwindet immer mehr. Im Salatbeet ragen heute Gerüste mit Duftwicken empor, Staudenrabatten mit Astern und Cosmeen stehen neben Artischocken mit ihren violetten Blüten. Blattgemüse wie rot- und gelbstieliger Mangold und Rosenkohl lugen zwischen Blumen hervor, Grünkohl ist mit seinen palmenartigen Kräuselwedeln ein schöner Lückenfüller. Kletterrosen kringeln sich in Obstbäume, der dunkelviolette Grünkohl »Red Bor« harmoniert farblich perfekt mit argentinischem Schleierkraut. Jedes Gemüse ist auch dekorativ und deswegen mixen innovative Gartenkünstler phantasievoll durcheinander. Wenn sie besonders begabt sind, schmücken sie ihren Garten mit Spalierobst. Es ist eine traditionsreiche und schmuckvolle Variante des Obst-Ziehens als Einfassung für Wege oder Zierde an Hausmauern und wird wieder en vogue. Baumtriebe in Girlanden, Fächer oder Palmetten zu

Goethes Gartenhaus im Park an der Ilm, Zeichnung von JOHANN WOLFGANG VON GOETHE, 1779/80

zwingen, ist neben dem Formschnitt von Gehölzen die höchste grüne Kunst überhaupt. Doch dieses anspruchsvolle Handwerk ist nur etwas für besonders hingebungsvolle und geduldige Gärtner. Aber spätestens seit Peter Joseph Lenné wissen wir: »Geduld ist die größte Tugend des Gärtners.«

Von Galanthophilen und Samenräubern

Was von Pflanzen besessene Menschen alles unternehmen, nur um eine Pflanze, von der sie entflammt sind, einmal zu sehen … Alexander von Humboldt reiste 1803 in Mexiko eigens zu einem Vorort der Stadt Oaxaca, um ein gigantisches Exemplar von *Taxodium macronatum* zu bewundern. Die Mexikanische Sumpf-Zypresse beherrschte den Friedhof von Santa María del Tule und galt als ebenso riesig wie uralt. »El Gigante« macht bis heute seinem Namen Ehre: Inzwischen ist er etwa fünfzig Meter hoch, der Stammumfang variiert, je nach Quelle, zwischen 58 und 65 Metern, der Durchmesser beläuft sich auf etwa zwölf Meter. Der Riese von Tule gilt als der dickste Baum der Welt, das geschätzte Alter schwankt zwischen 2000 und 4000 Jahren.

Ein deutscher Bürger beider Welten, Karikatur von ALEXANDER VON HUMBOLDT, Lithographie nach einer zeitgenössischen Zeichnung von HERBERT KÖNIG

Die Region um Oaxaca ist aber noch aus ganz anderem Grund attraktiv: Sie ist das gelobte Land für *Monilophyten*, besser bekannt unter dem Namen »Farne«. »Die Mannigfaltigkeit der Farnwelt erscheint wie ein Wunder«, so Oliver Sacks, renommierter zeitgenössischer Neurologe aus New York, dessen Buch *Zeit des Erwachens* erfolgreich in Hollywood verfilmt wurde. Er ist bekennender Farn-Fan und Mitglied der Ende des 19. Jahrhunderts begründeten Amerikanischen Farngesellschaft. »In Neu-England gibt es nicht mehr als etwa hundert Arten,

»Ich habe mich immer zu kryptogamen Pflanzen hingezogen gefühlt; Blumen mit ihrer Unverhülltheit, Unverblümtheit finde ich ein bisschen aufdringlich.«
OLIVER SACKS

gegenüber:
Pityrogramma chrysophylla,
das sogenannte Goldfarn des
Sonnenkönigs, Herbarbogen
aus dem Herbier de Paris, 1689

in ganz Nordamerika vielleicht vierhundert. In Grönland sind es dreißig tapfere, in Costa Rica fast 1200 Arten«, schwärmte Sacks. Je näher man dem Äquator komme, desto mehr. Also brach er vor Jahren mit der New Yorker Farn-Sektion zu einer Exkursion nach Oaxaca auf, wo es über 700 verschiedene Spezies geben soll. Dort kletterte man in den Bergen herum, und Hitze und alle Strapazen waren sofort vergessen, sobald einer begeistert rief: »Ah, endlich, ein *Elaphoglossum*!« Die Farn-Fanatiker begutachteten die Wedel, Rippen und Adern der Farne, die Lage der Sporangienhäufchen, Blattschuppen und Geschlechtsorgane. Das geheimnisvolle Paarungsverhalten von Farnen blieb lange unerforscht. Der große schwedische Botaniker Carl von Linné war im 18. Jahrhundert noch völlig ratlos, wie diese faszinierenden Boten aus dem Karbon-Zeitalter vor 350 Millionen Jahren sich vermehrten. Daher benannte er sie in seiner Systematik 1735 »kryptogam«, was soviel bedeutet wie »die sich im Versteckten Paarenden«. Heute weiß man: Farne vermehren sich über *Gametophyten. Die Feine New Yorker Farngesellschaft* – so heißt der lehrreiche und amüsante Reisebericht von Sacks – entdeckte auch *xerophytische* Farne, die sich an Trockenheit gewöhnt haben. »Diese Enthusiasten riskieren für Farne bedenkenlos Leib und Leben«, beschrieb Sacks die Jagd nach einer vielleicht noch unentdeckten, nie be-

Das Geheimnis der Farne

Im Gewölbe der Schwerter besieht sich der Schatten
laubgrünes Herz.
Blank sind die Klingen: wer säumte im Tod nicht vor Spiegeln?
Auch wird hier in Krügen kredenzt die lebendige Schwermut:
blumig finstert sie hoch, eh sie trinken, als wär sie nicht Wasser,
als wär sie ein Tausendschön hier, das befragt wird nach
dunklerer Liebe,
nach schwärzerem Pfühl für das Lager, nach schwererem Haar …
Hier aber wird nur gebangt um den Schimmer des Eisens;
und leuchtet ein Ding hier noch auf, so sei es ein Schwert.
Wir leeren den Krug nur vom Tisch, weil uns Spiegel bewirten:
einer springe entzwei, wo wir grün sind wie Laub!

PAUL CELAN

MUSEUM PARISIENSE
Herbarium TOURNEFORTIANUM
N° 5325
P Plumer.

Farne in herbstlichem Wald in Schottland

schriebenen Novität. Schließlich ist das der Höhepunkt im Leben eines Feldbotanikers, zumal der Farn dann nach ihm benannt wird.

Für fast jede Pflanze finden sich Liebhaber und die schließen sich gerne zum Fachsimpeln mit Gleichgesinnten in einer Gesellschaft zusammen. Da die oft als »Königin der Blumen« titulierte Rose wahrscheinlich die meisten Bewunderer überhaupt hat, überrascht die Existenz einer Gesellschaft Deutscher Rosenfreunde, die es ähnlich in vielen anderen Ländern gibt, nicht. 1883 in Hamburg gegründet, tauschen sich die heute rund 9000 Mitglieder auf Kongressen, Seminaren und in der Vereinszeitschrift *Rosenbogen* über noch so kleinste Details und Neuheiten aus.

Die Dahlie, im 19. Jahrhundert noch unter dem Namen »Georgine« eine gefragte Modeblume, wurde später als struppiger Trampel aus dem Bauerngarten verachtet. Doch seit Jahren hat sie wieder an Ansehen gewonnen und den Sprung in edle Rabatten geschafft. Ihre Bewunderer sind vereint in der 1897 gegründeten Deutschen Dahlien-, Fuchsien- und Gladiolen-Gesellschaft

Seit vierzig Jahren gibt es die Gesellschaft der Staudenfreunde. Über viertausend Mitglieder treffen auf Gleichgesinnte: Farnfreunde, Fans von Steingartenpflanzen und alpinen Stauden, Pfingstrosen, Gräsern, Blumenzwiebeln und Rhizomen, Taglilien, Funkien, Iris, Lilien, Sumpf-, Wasser- und Wildstauden. Für alle diese Pflanzen gibt es Fachgruppen. Blättert man in der Mitgliederzeitschrift *Der Staudengarten*, berührt die Leidenschaft, mit der Liebhaber mit geradezu obsessiver Akribie über Zuchterfolge und Pflege ihrer Schützlinge berichten. Und wer weiß schon, dass die himmelblauen Enziangewächse mit über 85 Gattungen die artenreichste Gruppe mit über 1500 Arten sind. »Fragwürdig bleibt, warum nur so wenige Sorten dieser artenreichen Familie in Fachmärkten angeboten werden«, sorgt sich Prof. Dr. Matschke in einem Beitrag mit Kulturempfehlungen für Enziane und warnt: »Enziane gehören zu den Kulturen, die mit Fingerspitzengefühl kultiviert werden müssen!« Auf eine Pflanzengattung kommen hunderte von Experten, sie alle zeichnet ein durch lange Praxisjahre erprobtes Spezialwissen aus. Sie opfern Zeit, Geld und Energie für ihre Lieblinge, die sie mit hingebungsvoller Geduld und Aufmerksamkeit hegen, pflegen, züchten.

Camelia blanc.
Camelia Japonica.
P.J. Redouté. _ 14.
Bessin.

Selbst wer ein Faible für extravagante Pflanzen besitzt – kein Problem, für alles gibt es einen Club. Auch für die kapriziöse Kamelie. Im 18. und 19. Jahrhundert trat die Exotin aus Asien einen Siegeszug durch ganz Europa an. Sie wurde in den Gewächshäusern des Adels gezüchtet, deren stolze Besitzer zu Besichtigungen ihrer Prachtexemplare einluden. Seit 1770 gab es sie auch in Deutschland und es brach ein regelrechtes Kamelienfieber aus. 1825 zahlten Liebhaber für ein Exemplar der berühmten Seidelschen Kamelie aus Dresden zirka 12 Taler, das entsprach dem Monatslohn eines Textilarbeiters. Als die Kamelie durch Massenzüchtungen immer preiswerter wurde, war ihr Prestige für viele Jahrzehnte dahin. Heute ist sie wieder beliebt bei Kennern. Die Deutsche Kameliengesellschaft wurde 1992 als Ableger der International Camellia Society gegründet und hat 500 Mitglieder. Sie bekennen: »Uns verbindet die Liebe zu dieser wunderschönen Pflanze.«

gegenüber:
Kamelie, Farbkupferstich nach PIERRE-JOSEPH REDOUTÉ, 1835

Tulpe, Farbkupferstich nach PIERRE-JOSEPH REDOUTÉ, 1835

Dass Tulpen zu Beginn des 17. Jahrhunderts in den Niederlanden zu Spekulationsobjekten wurden, ist bekannt. Die berühmte Tulpenmanie ist das vielleicht absurdeste Intermezzo in der Geschichte der Botanik: Eine verschrumpelte braune Zwiebel avancierte zum derart begehrten Luxusartikel, dass Patrizier dafür Haus und Hof verpfändeten und einfache Leute ihre Ersparnisse opferten. Alle wurden erfasst vom Tulpen-Fieber, angetrieben nicht von der Liebe zu dem reizvollen Exportartikel, der über Persien in die Türkei und von da nach Mitteleuropa gelangt war, sondern befeuert von der Gier. Eine einzige Zwiebel der Sorte »Viceroy« errang bei einer Auktion den aberwitzigen Preis von 4600 Gulden, wofür sich ein stattliches Haus an einer Amsterdamer Gracht erwerben ließ. Der 1637 mit abrupt fallenden Preisen endende Tulpenwahn gilt als einer der ersten Börsen-Crashs der Wirtschaftsgeschichte.

Ähnliches wird mit *Galanthus*, dem Schneeglöckchen, sicher nicht geschehen. Aber allmählich werden die Frühlingsblüher auch zu Kult-Objekten. In England und Schottland heißt es Ende Februar schon lange: »Let's go snowdropping.« Man stürmt in die Schlossparks und privaten Gärten, um die weiß-grünen Winzlinge zu bestaunen. Ein fröhlicher Freizeit-Spaß für die ganze Familie, Verköstigung mit Tee und Kuchen inbegriffen. Im Schneeglöckchen-Mekka von Anglesey Abbey bei Cambridge werden in der kurzen Saison rund 40.000 *Galanthophile* gezählt. Aller Wetter-Unbill dieser Jahreszeit zum Trotz kriechen die Besucher im Matsch herum, notfalls auf dem Bauch robbend, zücken sie Handspiegel und Lupe, um dem Glöckchen unter sein Röckchen zu schauen. Denn so klein und fein die Blüten, so unterschiedlich sind dank immer neuer Züchtungen die Zeichnungen auf den Innen- und Außenblättern der Blüten, den *Petalen*. Zu den neuen Stars zählen gefüllte Blüten und Schneeglöckchen mit gelben Fruchtknoten und goldgelber Fleckung auf den Petalen. Die wirklich Schneeglöckchen-Süchtigen, die *Galanthomanen*, treffen sich bei noblen Galanthus-Galas, Eintritt *by invitation only* und *very sophisticated*. Da fachsimpelt die Elite, tauschen Züchter und Experten Tipps, Raritäten und neue Kultivare für durchaus dreistellige Summen aus. In Deutschland pilgert, wer verrückt nach dem perfekten Schnee-

Februar, Farblithographie von EUGÈNE GRASSET

glöckchen ist, Ende Februar nach Nettetal-Oirlich nahe Mönchengladbach. Für dieses Schneeglöckchen-Event des Züchters Günther Waldorf reisen renommierte Spezialisten aus Holland, England und Deutschland an. Schnell wird der Galanthomane hier ein kleines Vermögen los; eine winzige Zwiebel der noblen »Angelique« kostet rund 30 Euro, das Kleinod »E. A. Bowles« 145 Euro. Die 400 blühenden Kostbarkeiten in Waldorfs Garten nebenan verführen im Handumdrehen zu weiteren Käufen. Mancher wird wie in der Liebe vom Blitz getroffen beim

Allee im Park von Herrenhausen, Hannover

Anblick einer raren, nur hier zu erstehenden Schönheit.

Wer einmal einer Pflanze verfallen ist, will mehr davon, neue Arten, Sorten, seltene Züchtungen, rare Exemplare. Das Jagd- und Sammelfieber hat ihn erfasst. Dazu reisen die grünen *Aficionados* zu Tauschbörsen und Pflanzenmärkten durch Deutschland und Europa. Eine Invasion von Grünfingern mit Spezial-Gelüsten bestürmt an zwei Wochenenden im Frühjahr und Herbst die Staudenmärkte im Botanischen Garten Berlin und am Hamburger Kiekeberg. Bereits eine Stunde nach Öffnung ziehen die ersten ihre Bollerwagen und Trolleys, überquellend von Grünzeug, hinter sich her. Bei Pflanzen-Festivals im belgischen Beervelde, im holländischen Bingerden oder in Courson bei Paris gibt es alles, was das Herz der Raritäten-Sammler begehrt und garantiert in keinem normalen Gartencenter zu finden ist.

Und dann sind da noch jene, die für das Objekt ihrer Begierde geradezu kriminelle Energie entwickeln. Die Rede ist von den Samenräubern. Das Mopsen von Samen ist für manchen geradezu ein Sport beim Besuch in fremden Gärten. Stehlen? Aber nein, die Samen lagen da einfach so auf dem Weg herum, sagen die Gartenbesitzer später. Und zeigen stolz die Ergebnisse ihrer »zufällig« gefundenen Krumen und Körner: »Diese Clematis ist ein Ableger aus Sissinghurst«, »Der wundervolle Mohn ist aus dem Botanischen Garten Hamburg«. Man könnte Samen dieser Sorte durchaus beim Saatguthändler bestellen, aber die Abstammung aus solch edlen Gärten, unter Gefahren erworben, adelt ungemein. Zwar lautet ein ungeschriebenes Gesetz in allen Gärten dieser Welt, dass der Besucher nichts abknipst oder gar abschneidet. Wie also kommt man an die Samen? Der Kleptomane schaukelt mit Fotoapparat, Tasche oder Schirm »versehentlich« gegen die Blume, gerade so, dass ein paar Samen herausfallen. Um sie aufzuklauben, bückt er sich und nestelt an seinen Schnürsenkeln herum. Andere beugen sich über die Pflanze unter dem Vorwand, sie genauer betrachten oder ihren Duft genießen zu wollen – und schon hat man eine kleine Blüte stibitzt. Die Sucht, eine spezielle Pflanze besitzen zu müssen, befällt selbst vornehmste Damen. Mit einer Nagelschere werden die begehrten Blüten geköpft und fallen gezielt ins Handtäschchen. Wer wollte da rufen: »Haltet den Dieb?« Man notiert es amüsiert und – Hand aufs Herz – würde es ihm am liebsten gleichtun.

Bibliographie

BRAUNFELS, WOLFGANG: *Kleine italienische Kunstgeschichte,* Köln 1984 (DuMont)
BREDEKAMP, HORST: *Vicino Orsini und der Heilige Wald von Bomarzo,* Worms 1985 (Werner'sche Verlagsanstalt)
CLIFFORD, DEREK: *Geschichte der Gartenkunst,* München 1981 (Prestel)
DAVIDIS, HENRIETTE: *Der Küchen- und Blumengarten für Hausfrauen,* Leipzig 2009 (Manuscriptum)
DOHNA, URSULA GRÄFIN ZU: *Die Gärten Friedrichs des Großen und seiner Geschwister,* Berlin 2000 (Stapp Verlag)
FRIEDELL, EGON: *Kulturgeschichte der Neuzeit,* München 1989 (C.H. Beck)
GLENDINNING, VICTORIA: *Vita Sackville-West,* Frankfurt a.M. 1994 (Fischer)
GOTHEIN, MARIE LUISE: *Geschichte der Gartenkunst,* Bde 1 u. 2, Jena 1926 (Diederichs)
HARRISON, ROBERT: *Gärten,* München 2010 (Hanser)
HENNEBO, DIETER; HOFFMANN, ALFRED: *Geschichte der deutschen Gartenkunst,* Bde 1–3, Hamburg 1962 (Broschek)
HINDE, THOMAS: *Capability Brown,* London 1986 (Hutchinson)
HUNT, JOHN DIXON: *Der malerische Garten,* Stuttgart 2004 (Ulmer)
KREUTER, MARIE-LUISE: *Der Biogarten,* München 2009 (BLV)
KULTURSTFTUNG DESSAU-WÖRLITZ: *Unendlich schön – das Gartenreich Dessau-Wörlitz,* Berlin 2005 (Nicolai)
LEPPERT, STEFAN: *Paradies mit Laube,* München 2009 (DVA)
LLOYD, CHRISTOPHER: *Faszination Farbe im Garten,* München 2002 (Callwey)
LORD, TONY: Sissinghurst, Köln 2000 (DuMont)
MADER, GÜNTER; NEUBERT-MADER, LAILA: *Britische Gartenkunst,* München 2009 (DVA)
MANZONI, IRA DIANA: *Gärten & Parks, 50 Klassiker,* Hildesheim 2005 (Gerstenberg)
OHFF, HEINZ: *Der grüne Fürst,* München 2001 (Piper)
ORSENNA, ÉRIK: *Portrait eines glücklichen Menschen,* München 2001 (C.H. Beck)
PRAZ, MARIO: *Der Garten der Sinne,* Frankfurt a.M. (S. Fischer)
RUSSELL, VIVIAN: *Monets Giverny,* Köln 2002 (DuMont)
SACKS, OLIVER: *Die feine New Yorker Farngesellschaft,* München 2004 (Frederking & Thaler)
SAGER, PETER: *Englische Gartenlust,* Frankfurt a.M. 1999 (Schöffling & Co.)
SARKOWICZ, HANS: *Die Geschichte der Gärten und Parks,* Frankfurt a.M. 2001 (Insel)
TROTHA, HANS VON: *Der englische Garten,* Berlin 1999 (Wagenbach)
UERSCHELN, GABRIELE / KALUSOK, MICHAELA: *Kleines Wörterbuch der europäischen Gartenkunst,* Stuttgart 2001 (Reclam)
VERCELLONI, VIRGILIO: *Historischer Gartenatlas,* Stuttgart 1994 (DVA)

Bildnachweis

S. 4–16: akg-images; S. 18: ullstein bild/Archiv Gerstenberg; S. 20–33: akg-images; S. 35: ullstein bild/imagebroker.net; S. 36: East Sussex Country Libraries; S. 38–39: akg-images; S. 40: ullstein bild/imagebroker.net; S. 41: akg-images; S. 42–44: akg-images; S. 48/49: Gräflicher Park Bad Driburg; S. 50: picture-alliance/dpa (l.); mauritius images/ Alamy (r.); S. 51: Tessa Traeger/National Portrait Gallery London; S. 52: Jerry Harpur; S. 53–56: mauritius images/Alamy; S. 59: aus: Virgilio Vercelloni: Historischer Gartenatlas, Tafel 19, DVA, Stuttgart 1994; S. 60–71: akg-images; S. 74: Royal Botanic Gardens, Kew/M. Ward; S. 76: akg-images; S. 77: akg-images; S. 78/79: mauritius images/age; S. 81: mauritius images/Harpur Garden Images; S. 82: fotofinder/bridgemanart.com; S. 84: ullstein bild/ NTPL/Andrew Butler; S. 86: mauritius images/ imagebroker/KFS; S. 89: ullstein bild/United Archives; S. 90: Jane Barlow/TSPL/Camera Press/ Picture Press; S. 92–95: akg-images; S. 96: akg-images (oben); picture-alliance/dpa (unten); S. 97–99: akg-images; S. 102: Cecil Beaton/Nigel Nicolson, Sissinghurst Castle; S. 104: fotofinder/H. & D. Zielske/LOOK-foto; S. 105: Sebastian Nohl; S. 106: fotofinder/bridgemanart.com/Mallett & Son Antiques Ltd., Lon.; S. 109–110: akg-images; S. 111: Pascal Chevallier/TOP/laif; S. 113: Andia.fr; S. 116–122: akg-images; S. 123: mauritius images/imagebroker/Franz Waldhäusl (l.); picture-alliance/ landov (r.); S. 124: picture-alliance/landov; S. 126–139: akg-images; Blumenvignetten auf S. 22, 31, 53, 65, 73, 103, 119, 127: für diese Ausgabe gezeichnet von Lars Hammer

CORSO

DECKCHAIR by CORSO 04
Christa Hasselhorst
Eden auf Erden:
oder die ewige Liebe zwischen Mensch & Garten

Erstmals erschienen als gebundene Ausgabe im CORSO Verlag 2011

Der Verlag hat sich bemüht, sämtliche Rechteinhaber zu ermitteln.
Sollten dennoch Inhaber von Urheberrechten unberücksichtigt
geblieben sein, bitten wir um Kontaktaufnahmen.
Covergestaltung: Karina Bertagnolli, Wiesbaden
Der Umschlag verwendet eine Fotografie von Marion Nickig | www.marion-nickig.de
Gestaltung und Satz: Verlagshaus Römerweg nach der Vorlage
von Groothuis. Gesellschaft der Ideen und Passionen mbH
Gesetzt aus der Fairfield

Gesamtherstellung: CPI books, Ulm
Printed in Germany.
978-3-7374-0760-1

Mehr über Ideen, Autoren und Programm des Verlags
finden sie unter www.verlagshaus-roemerweg.de
und in Ihrer Buchhandlung.